A FABULOSA HISTÓRIA DOS LEGUMES

ÉVELYNE BLOCH-DANO

A FABULOSA HISTÓRIA DOS LEGUMES

Tradução e notas
Luciano Vieira Machado

Prefácio
Michel Onfray

Estação Liberdade

Título original: *La Fabuleuse histoire des légumes*
© Éditions Grasset & Fasquelle, 2008
© Editora Estação Liberdade, 2011, para esta tradução

Preparação de texto	Antonio Carlos Soares
Revisão	Bruno Costa e Nair Hitomi Kayo
Assistência editorial	Fábio Bonillo e Tomoe Moroizumi
Composição	Antonio Kehl e Bianca Mimiza
Ilustração da capa	© PoodlesRock/Corbis/Corbis (DC)/Latinstock
Editores	Angel Bojadsen e Edilberto F. Verza

CIP-BRASIL. CATALOGAÇÃO-NA-FONTE
SINDICATO NACIONAL DOS EDITORES DE LIVROS, RJ

B611f

Bloch-Dano, Évelyne
A fabulosa história dos legumes / Évelyne Bloch-Dano ; tradução de Luciano Vieira Machado, prefácio de Michel Onfray. - São Paulo : Estação Liberdade, 2011.
184p. : il. ; 21 cm

Tradução de: Fabuleuse histoire des légumes
Inclui bibliografia
Apêndice
ISBN 978-85-7448-203-3

1. Hortaliças - História. I. Título.

1-6627.	CDD: 635
	CDU: 635
04.10.11 10.10.11	030312

As notas de rodapé são de autoria do tradutor,
exceto quando assinaladas como sendo da autora (N. A.)

Todos os direitos reservados à
Editora Estação Liberdade Ltda.
Rua Dona Elisa, 116 | 01155-030 | São Paulo-SP
Tel.: (11) 3661 2881 | Fax: (11) 3825 4239
www.estacaoliberdade.com.br

SUMÁRIO

A biografia do legume 7
por Michel Onfray

Da horta da vovó à Universidade Popular do Gosto 17

Um pouco de história..25
   "Boa para comer, boa para fazer pensar..." 27
   Questão de gosto..43

Algumas histórias de legumes 59
   O cardo-hortense e a alcachofra 61
   O tupinambor (girassol-batateiro)......................................69
   A couve 79
   A pastinaca 97
   A cenoura 105
   A ervilha...115
   O tomate..127
   O feijão 141
   A abóbora 155
   A pimenta/pimentão 165

Anexo: nomes científicos e famílias 175

Bibliografia 177

Créditos das imagens 182

Agradecimentos 183

As receitas
Torta de ervas do mês de maio, de Platina 49
Meu chucrute 89
Purê de raízes, de N. François. 101
Aspargos em forma de ervilhas, de Alexandre Dumas 120
Tomates à la Lucie, de Joseph Delteil 138
Feijões com sal e vinagre 153
Tagine de legumes 168

A biografia do legume
por Michel Onfray

1
Biografias de uma biógrafa

Ao procurar reunir amigos para compor a refeição fourierista de uma futura Universidade Popular do Gosto em Argentan (departamento de Orne), recorri a Évelyne Bloch-Dano, e o fiz pensando em primeiro lugar na amiga, com a qual posso contar, depois na biógrafa. Primeiro à amiga, porque nossas conversas sobre o casal Sartre e Beauvoir, sobre nossa paixão comum por Flora Tristan, sobre as casas de escritores enquanto fragmentos da obra, a cristalização stendhaliana, o respeito pela liberdade no cinema, o estilo de Proust, Colette e tantas outras coisas partilhadas, constituíram nossa amizade...

Mas também à biógrafa. Em nossas conversas não esteve ausente o tema da biografia, a escritura de si mesmo, a autobiografia, a verdade de uma vida, a construção do eu, o projeto sartriano de psicanálise existencial, o gênio de Montaigne, o lado cego de nossa existência, as coisas a dizer, a calar ou a mostrar, os momentos assimiláveis ao hápax existencial em uma vida, a complexidade da relação entre a biografia e seus objetos, a autobiografia que há sempre a escrever, essa biografia específica e não outra...

Assim, Évelyne Bloch-Dano é biógrafa. Demonstram isso, naturalmente, suas biografias explícitas – a esposa de Zola, a mãe de Proust, a luta de Flora Tristan – e também seu trabalho de memória sobre as casas de escritores – um traço arquitetônico como um fragmento de obra. Essa condição se revela também quando experimenta a mão no "romance" no qual, mais uma vez, faz-se biógrafa de seu pai, de sua mãe, dela própria, evidentemente, de uma Romy Schneider que se apresenta como duplo, como sombra, como simulacros (no sentido epicurista) de seus pais. Por conseguinte, como escapar ao seu destino de biógrafa? Em outras palavras: como evitar encontrar a própria vida ocupando-se da dos outros?

2
Palavra de legume

Então, recorrendo à amiga e desejando reunir outros amigos no espírito de júbilo caro a Fourier, pedi à biógrafa que apresentasse ao público da Universidade Popular do Gosto de Argentan... uma biografia dos legumes. Porque essa Universidade Popular do Gosto se propunha (e ainda se propõe), partindo de uma instância de reinserção social chamada Hortas Urbanas, que emprega uma quinzena de vítimas da brutalidade liberal que se achavam no fundo do poço, a ajudá-las a recuperar um pouco de dignidade por meio de uma atividade ressocializante.

A horta serve de trampolim e de pretexto para recuperar a dignidade. Nesse lugar, não se pretende formar horticultores eméritos e dignos de láurea, legumistas de alta competência, mas mulheres e homens que redescubram a autoestima. O amigo que dirige os destinos dessa horta também foi brutalizado pelo mercado liberal: ele era um operário que sempre trabalhou na mesma fábrica, aos cinquenta anos foi dispensado quando da transferência desta unidade para a China e reinserido na... reinserção.

Foi diante de sua constatação de que os cestos de legumes oferecidos na mercearia social não achavam compradores, porque os beneficiários não sabem, não podem, nem querem cozinhar esses legumes, que resolvi criar essa Universidade Popular do Gosto. Sozinho, eu nada conseguiria fazer – como sempre. Os cursos de culinária foram dados por grandes cozinheiros que tiveram a bondade de vir, capitaneados por Marc de Champérard, o qual, valendo-se de persuasão e retórica, levou a nata dos mestres-cucas franceses a criar variações sobre os sete legumes escolhidos para igual número de sessões.

Évelyne Bloch-Dano foi uma participante de primeira hora, generosa, disponível, sempre presente para oficiar, diante de mais de quinhentas pessoas, em meio ao vapor d'água das panelas em que os cozinheiros preparavam sua entrada, e para contar, em sua qualidade de biógrafa, a aventura desses legumes subitamente transformados em personagens de romance, heróis de filme, atores cosmopolitas no grande palco da geografia planetária, figuras simpáticas. Como La Fontaine com os animais, ela dava a palavra a uma pastinaca, dava voz a um tomate, dotava de verbo legumes reverenciados no salão de festas da subprefeitura.

3
Entrar pelo portão da horta

O plano de viagem? Mostrar, como sabe fazer uma biógrafa, o processo pelo qual se passa a ser o que se é – quando se trata de uma ervilha, um feijão, um tupinambor... Em outras palavras, mostrar que o legume dispõe de uma aura simbólica maior do que o puro e simples valor calórico – ou comercial. Ou, então, que na vida não existe apenas a genética (de Mendel), mas também a poética (bachelardiana)... Contar a odisseia, o destino de um legume sempre único, mas sempre diferente, uma variação sobre o Mesmo (*o* tomate em geral, no céu das ideias platônicas...) e o Outro (*aqueles* tomates em particular, cozidos naquele dia)...

Contar essa aventura é entrar na História Universal pelo portão da horta. O que significa que primeiro saudamos o hortelão e, em seguida, encontramos Hegel entre os canteiros de ervilhas... Porque o legume mais modesto contém a aventura do mundo. (Esclareçamos, de passagem, que um legume modesto sempre constitui um pleonasmo. A trufa, por exemplo, pelo fato de ser imodesta [mas a culpa não é dela...], nunca é classificada como legume. E tampouco como cogumelo... Ela escapa a toda e qualquer taxonomia.)

Assim, quando comemos um legume, incorporamos toda a história do mundo. Cabe à biógrafa dizer-nos quando, como e de que maneira. Daí o fato de Évelyne Bloch-Dano ter recorrido a uma multiplicidade de disciplinas: literatura, história das belas-artes, história da música, poesia, cinema, história, pré-história, geografia, geologia, geomorfologia, climatologia, genética, horticultura, teoria da horta, etc.

Cada uma das sessões na Universidade Popular do Gosto de Argentan mostrou que as fronteiras, as nações, os países derivam da loucura dos homens, porque, a princípio, um legume só conhece, naturalmente, o solo e o clima que o tornam possível. Num segundo momento, porém, a história da natureza se torna a história do que os homens fizeram dela. Daí a necessidade de contar como essas plantas, desenraizadas e submetidas a uma mudança de ares, conhecem um outro destino, que corresponde à escrita de uma outra página de seu grande romance. A biografia do legume se põe a serviço dessa epopeia de que ela se faz memorialista.

4
As calorias afetivas

Num mesmo legume conjugam-se duas histórias: a grande, a que permite Hegel assinar *A razão na História*; e a pequena, a das lembranças de todo mundo. A grande? Os conquistadores, a rota das especiarias, as caravelas e a abertura de passagens marítimas, o comércio dos impérios, o ciclo das exportações e importações, a chegada de um legume a um país, a economia, a diplomacia e a política dos continentes, etc. A pequena? Sempre uma história de pai e de mãe, de avô e de avó.

Raspe o ouro da coroa do maior cozinheiro, o mais premiado, o mais laureado, o mais reconhecido, seja ele cordato ou grosseiro, modesto ou arrogante, discreto, delicado ou presunçoso, pretensioso, e encontrará os mesmos tesouros do cozinheiro do restaurante mais remoto da zona rural, o mais anônimo e o menos reconhecido. E é a mesma reserva que existe entre as cozinheiras e cozinheiros apaixonados: um guarda-comida, no qual se encontra boa quantidade de *madeleines de Proust*.

O que motiva a pessoa que cozinha? O desejo de recuperar o gosto e os sabores das horas despreocupadas da infância. Aquelas em que se ignora que se vai morrer um dia e que fazem de cada segundo uma refeição primaveril. Todo mundo dispõe, a maioria no mais recôndito de si mesmo, alguns em lugar bem acessível, pepitas de odores, de diamantes, de perfumes, de joias, de sabores, que constituem outros tantos tesouros gustativos. O gosto das amoras apanhadas no mato, a textura crocante da avelã colhida no caminho, a acidez da maçã furtada no pomar do vizinho, o gosto do suco da erva ou do botão-de-ouro na boca...

O propósito da exposição de cada uma das sessões de Évelyne Bloch-Dano é mostrar que, se o primeiro porco é capaz de se empanturrar com facilidade, também nos é possível *saborear* – e para isso é preciso saber que, junto com as calorias de dietetistas, ingerimos calorias afetivas passíveis de serem redescobertas –, desde que saibamos da sua existência, que desejemos recuperá-las e que partamos em sua busca. Esse é o sentido da Universidade Popular do Gosto: ensinar de modo tentador a possibilidade que cada um tem de reencontrar o prazer de uma infância intacta, *saboreando* aquilo que se come a fim de fazer surgir a poesia que aí sempre se esconde.

Fourier não ensinava nada diferente disso com sua gastrosofia: fazer do alimento (e da ópera, mas isso é outra história...) uma propedêutica para um outro mundo, no qual o prazer não seria uma falta, um pecado, mas o cimento de uma comunidade nova. A Universidade Popular do Gosto propõe uma espécie de microrrepública gastrosófica, na qual Évelyne Bloch-Dano tem um papel fundamental. O próprio Fourier ficaria feliz pelo fato de uma mulher desempenhar esse papel, pois ele acreditava que a verdadeira revolução partiria das mulheres atuando nos falanstérios! Esqueçamos Marx, leiamos e releiamos Fourier – e Évelyne Bloch-Dano.

Enfim, tudo aí é uma questão de amor!
Joseph Delteil

O homem-horta (c. 1590)
Giuseppe Arcimboldo

Capricho, fantasia, gracejo: a *invenzione* caracteriza as obras do maneirista Arcimboldo, pintor oficial da corte dos Habsburgos. A inventividade desse quadro-espelho transforma essa natureza-morta, quando virada de cabeça para baixo, em uma alegoria viva do eterno hortelão...

Da horta da vovó à Universidade Popular do Gosto

Estávamos passando o fim do verão na casa de meus avós. Eu era uma pequena parisiense magricela – chamavam-me de "vagem" – e iria, enfim, engordar graças à torta de nêsperas e ao cozido de minha avó Rosa! Mas os "olhos" do caldo me causavam repugnância, e eu não gostava de bolos. As únicas coisas que agradavam minhas papilas eram as rodelas de batata que ela assava no fogão e o timo de vitelo cozido, que nunca encontrei igual. Com um ar severo e triste, vovó ficava me olhando debicar diante do prato. Mal ela virava as costas, eu ia correndo encontrar Bouboule, o cachorro eleito pelo meu coração. Meus avós tinham uma confeitaria que vendia produtos no atacado. A garagem era reservada às mercadorias, pilhas de caixas de tabletes de chocolate Suchard, de confeitos rosa, azuis ou brancos, de bombons acidulados, de caixinhas redondas de merengue ao coco que se diluíam na água, de espirais de alcaçuz preto, de conchinhas de massa com recheio de doce, de balas e bombons, de biscoitos de baunilha. Esses tesouros não me seduziam.

Na extremidade do pátio, porém, havia um galpão onde se empilhavam caixotes de madeira vazios, caixas de papelão rasgadas, bicicletas, ferramentas enferrujadas, todo o rebotalho da casa. O chão era úmido; e o ambiente, fresco e protegido da luz. Lá era o nosso refúgio, meu e de Bouboule. Minha altura era apenas um pouco maior do que a do vira-lata e eu brincava por entre as caixas; quando sentia fome ou sede, eu partilhava, em sua tigela de esmalte, os restos que ficavam mergulhados numa mistura de água engordurada e leite. Um começo glorioso para uma gastrônoma...

O galpão dava para uma pequena horta cercada por grossos muros. Quando o dia estava bonito, eu me escondia lá com Bouboule.

Como outros habitantes daquela vila lorena, meus avós possuíam uma verdadeira horta fora da aldeia. Margeávamos a fazenda onde íamos buscar leite, depois tomávamos um caminho ladeado de amoras e de ameixas. Foi lá que, anos depois, enfrentei os meninos que ficavam de tocaia para atacar as meninas. Eu adorava esses arranca-rabos, voltava para casa cheia de manchas roxas, joelhos ensanguentados, afogueada de excitação. As hortas se estendiam do outro lado do caminho. Elas ficavam aos cuidados da senhora Lipp, a quem vovó, ao meio-dia, empanturrava de enormes pratadas de couve à alsaciana e, às quatro horas, de café com leite e fatias de pão com geleia ou manteiga.

Acho que ninguém ia à pequena horta que ficava nos fundos do galpão. Ela estava tomada por ervas daninhas, à exceção de um pé de ruibarbo e de uma densa fileira de salsas-crespas. Ali, sentada contra o muro aquecido pelo sol, vivi verdadeiros momentos de êxtase. Eu arrancava punhados de salsa e os comia maquinalmente. O sabor picante enchia minha boca, eu mascava as folhas e até os talos um pouco fibrosos. Com o sumo a escorrer-me queixo abaixo, eu mergulhava num bem-aventurado torpor. Deitado ao meu lado, Bouboule de vez em quando levantava as orelhas: chamavam-me do quintal da casa. Eu ouvia sem ouvir. Lá estava eu, na pequena horta abandonada, e me sentia bem. Totalmente à parte. Sozinha. Feliz em meio às salsas.

Havia outras hortas: em casas para aluguel durante as férias, em casas alugadas, a horta da "senhorinha" na Seine-et-Marne, na qual comprávamos alface e vagem, a horta de uma vovó de Poitou conhecida minha, com aleias orladas de cravos e de tomilho. Por sua vez, meu pai plantava flores por toda parte, quer a casa lhe pertencesse, quer não. Na primavera, íamos colher jacintos silvestres na floresta de Saint-Germain-en-Laye, lírios-do-vale em Chaville e lilases no vale da Chevreuse. Depois meus pais adquiriram uma casinha com um jardim em Oise, cujos canteiros encantavam a todos. Um lilás branco com flores duplas anunciava seu novo *status* de proprietários. Legumes, nenhum, exceto umas poucas ervas finas. Flores, sim, em profusão. Revejo meu pai ajoelhado, de sacho na mão, metido num macacão azul destinado para isso. Com a idade ele foi ficando com dificuldade de se levantar. Minha mãe, que por nada neste mundo poria suas belas mãos na terra, cuidava de compor buquês, que eram levados no domingo à noite para Paris, embrulhados em papel-jornal molhado.

De tudo isso restam apenas duas ou três roseiras e algumas campânulas, salvas quando da venda da casa. Os novos proprietários arrancaram o lilás branco para construir uma varanda. Meu pai foi sepultado sem flores nem coroas.

Crescer num apartamento de cinquenta metros quadrados no quarto andar de um edifício em Paris não predispõe ninguém a manejar uma pá. Em matéria de hortaliças, por muito tempo fiquei limitada a lentilhas e feijões num chumaço de algodão umedecido. Aos dez anos de idade, deslumbrei-me diante do talo alvacento e do aparecimento da primeira folhinha de um verde translúcido: está crescendo. Infelizmente, a planta sempre se encarquilhava e murchava ao ser plantada num vaso, no rebordo da janela. Depois, desaparecia. Nunca entendi por quê.

Meus jardins e hortas enraízam-se, pois, no imaginário. Eles germinaram sob a pena de três mulheres que, cada uma ao seu modo, amaram o campo e me incutiram esse seu gosto: a condessa de Ségur, Colette e George Sand. Lugares destinados, respectivamente, aos folguedos, à maternidade e à criação; o jardinzinho das meninas modelo, a horta de Sido[1] e o parque da senhora de Nohant[2] serviram de referência, em épocas diferentes, a meus devaneios campestres e às vezes também a minhas utopias.

---

1. *Sido*, obra da romancista francesa Colette (1873-1954).
2. Senhora de Nohant: era como os camponeses de Nohant chamavam a romancista francesa George Sand, pseudônimo de Lucile Dudevant (1804-1876).

Precisei esperar uma primeira casa na Normandia, com meu companheiro de então, para finalmente ter um jardim e uma horta. Meu pai – ainda ele – me advertira: "O pessoal daqui só vai estimá-la se você cuidar dele!". Esforcei-me o quanto pude, mas... leiras em declive ou sinuosas, plantações irregulares, anos de pousio, cenouras bichadas: faltavam-me estilo, regularidade e técnica. Melhorei um pouco, mas ainda tenho de avançar mais. Careço da qualidade principal de quem cultiva: a paciência. Gosto de semear, plantar e colher. Mas cultivar... Vivi mais de dez anos nessa velha fazenda sem aquecimento. Os invernos são longos e rigorosos em Orne. Deles me ficou uma tendência à hibernação e uma obsessão por aquecimento. Mais tarde, tive também, junto com Pierre, uma mini-horta no terraço do nosso apartamento em Bougival (morangos, alface) e tentativas de cultivo em nosso jardim em L'Étang-la-Ville, onde só se deram bem mesmo as rosas, as cerejas e as framboesas.

Assim, é em nossa horta em Orne que vicejam morangos, ervilhas, abobrinhas, alhos-porós, verduras, couves, beterrabas, alcachofras, tomates, alhos, cebolas e batatas. Sálvia, ruibarbo, azeda, tomilho, segurelha, estragão e cebolinha sentem-se em casa. Prudente, o manjericão se deixa ficar em seu vaso. Porque, "vinte anos depois", cá estou novamente na Normandia, à qual só me prendem os laços do coração. Agora, nossa casa de campo dispõe de aquecimento.

Sem a Normandia, eu não conheceria a colheita do feijão em pleno calor, nem as verduras salpicadas de terra, nem os tomates ainda verdes, nem as abobrinhas gigantes e ocas, nem as folhas de couve esburacadas... Tampouco a beterraba vermelha, que a gente mastiga como uma guloseima; as ervilhas, que se desfazem na boca; as cebolas sumarentas; as vagens *al dente*; os morangos aquecidos no solo; os tomates exuberantes; o melão, cujo crescimento é acompanhado com toda atenção. Sem a Normandia, eu não saberia o que é o prazer de degustar os próprios legumes, que são os mais belos e saborosos do mundo!

E sem Michel Onfray, meu amigo e cúmplice de longa data, eu não teria sido levada à aventura da Universidade Popular do Gosto de Argentan. Eu não teria acordado à noite perguntando-me: como vou fazer? Como passar de Proust à cenoura, da biografia de mulheres à dos legumes? Eu não teria elaborado esses verdadeiros guisados de legumes, misturando a história do legume à do paladar, a literatura à botânica, a história da arte à da alimentação. Eu não teria tido uma ideia da dimensão dessa gigantesca mescla das culturas, fontes da civilização nas mais recentes conquistas da genética, dos homens do neolítico às crianças da *junk food*, da China aos planaltos andinos, do Oriente Médio ao Canadá, do delta do Indo às terras áridas da África. Eu não teria vivido esta experiência insólita: falar do tomate ou da ervilha diante de centenas de pessoas atentas. Eu não teria conhecido essa onda de amizade, convivialidade, os "oh!" e os "ah!" diante das surpresas dos grandes cozinheiros. Eu não teria travado contato com os trabalhadores das Hortas Urbanas, a associação de reinserção que está na origem do projeto, nem distribuído com eles travessas de *foie gras* com tupinambor. E depois, tenho de confessar, sem a Universidade Popular do Gosto eu nada saberia dos cardos-hortenses (alcachofra-brava). Quem sabe talvez eu confundisse a pastinaca com uma espécie de nabo...

Pensando bem, contudo, da horta de minha avó aos legumes antigos, das biografias de mulheres aos avatares do tomate, dos jardins sonhados à região campestre da Normandia, das casas de escritores às histórias de gostos, o caminho era mais do que natural. Ele passava por minha curiosidade, minha gulodice, meu amor à literatura, à natureza e à vida. Esse caminho se enriqueceu também com minha experiência. Descascar e ralar cenouras, cortar alhos-porós e nabos para a sopa, rechear tomates, abobrinhas, berinjelas ou pimentões, descascar ervilhas ou feijões, lavar as verduras, esmagar batatas – atos cotidianos, simples e nobres. Eles me foram transmitidos, e me sinto satisfeita em repassá-los aos meus filhos.

Esse prazer de repassar, eu sinto hoje com a Universidade Popular do Gosto de Argentan. Essas palestras não se pretendem nem eruditas nem exaustivas, mas dão mostras de meu desejo de oferecer aos participantes, e agora aos leitores, essas histórias de legumes, colhidas aqui e ali – e preparadas à minha maneira.[3]

---

3. Os textos de meus cursos foram revistos, aumentados, e receberam uma redação final. As primeiras palestras na Universidade Popular do Gosto de Argentan tiveram lugar de dezembro de 2006 a junho de 2007. O curso sobre legumes precedia a demonstração feita pelos cozinheiros. Mantive a ordem das sequências. Os capítulos sobre feijão e abóbora-menina pertencem a meu novo seminário "Histoires de goûts", de 2007-2008, no qual colaboraram especialistas em plantas e nutrição. O pimentão está presente... para tornar o todo mais picante. [N.A.]

Um pouco de história...

ÉMILE ZOLA, *O ventre de Paris*

As verduras, alfaces, escarolas, chicórias, abertas e ainda pesadas de húmus, mostravam seus corações radiosos; os maços de espinafre e de azedas, os buquês de alcachofras, os montículos de feijões e de ervilhas, as pilhas de alfaces-romanas, atadas com uma palha, cantavam toda a gama do verde, da laca verde das cascas ao verde-escuro das folhas; gama elevada que vai num diminuendo até as pintas dos pés de aipo e dos molhos de alho-poró. Mas as notas agudas, as que cantavam mais alto, eram sempre as manchas vivas das cenouras, as manchas puras dos nabos, distribuídas em quantidades prodigiosas ao longo do mercado, iluminando-o com a combinação de suas duas cores. Na esquina da rua des Halles, os repolhos formavam verdadeiras montanhas; os enormes repolhos brancos, compactos e duros como bolas de metal alvacento; as couves-crespas, cujas folhas grandes pareciam bacias de bronze; os repolhos vermelhos, que a aurora transfigurava em florações soberbas, violáceas, com manchas de carmim e de vermelho escuro. No outro extremo, no cruzamento da ponta Saint-Eustache, o acesso à rua Rambuteau estava bloqueado por uma barricada de abóboras alaranjadas, em duas fileiras, esparramando-se e dilatando seus ventres.

"Boa para comer, boa para fazer pensar..."

Alimentar-se é da própria essência dos seres vivos, do ar que respiramos aos alimentos que ingerimos; a nutrição é o que nos mantém vivos, mas também nos liga ao nosso meio ambiente, à nossa história, à nossa sociedade, à nossa época, ao nosso *status* social: aos outros. Para Claude Lévi-Strauss, "a cozinha de uma sociedade é uma linguagem, na qual traduz inconscientemente sua estrutura, a menos que se resigne, também de forma inconsciente, a revelar as contradições". Agente de revelação, pedra de toque de nossos comportamentos e de nossas crenças, de nossos mitos, de nossos sistemas de organização, a cozinha não é apenas "boa para comer", mas também "boa para fazer pensar".

Nutrir-se, comer... "Dize-me o que comes, e te direi quem és", escreveu o gastrônomo do século XIX Brillat-Savarin no início de sua *Physiologie du goût* (Fisiologia do gosto). Mas dize-me o que comes, que te direi também que laço tens com teus próximos, com a natureza, com a cultura, com a sociedade. Quando nos alimentamos, o beneficiário é não apenas nosso envoltório corporal (magro, gordo, magérrimo, gordíssimo), mas também nosso cérebro, nossos sentidos, nosso psiquismo. O homem é o único ser vivo que não sofre mecanicamente as limitações de seu meio, pois tem condições de escolher sua alimentação em função de critérios não fisiológicos, mas simbólicos. De privilegiar essa dimensão simbólica em detrimento de sua saúde ou de sua vida: alimentos carregados de *mana*, que dão vida, mas podem também provocar a morte, alimentos tabu, totêmicos, dos quais se incorpora a substância, rituais (proibidos ou, ao contrário, sacralizados) – do jovem Hua da Papua Nova Guiné, que come um legume de crescimento rápido para crescer mais rápido, ao judeu ou ao muçulmano que se abstém de carne de porco; do indiano brâmane, que não consome carne de vaca, ao cristão que na hóstia absorve simbolicamente o corpo de Cristo. Mas também dimensão simbólica de todos os grandes encontros da vida, marcados por ritos: festins de casamento ou de aniversário, ceias de Ano-Novo ou enterros... O companheiro, a companhia são aqueles com quem partilhamos o pão.

Assim, hoje em dia, a alimentação interessa aos antropólogos, arqueólogos, arqueozoólogos, que nos ensinam que, ao contrário do que se supõe, os gauleses comiam menos javalis do que bois e cavalos. Interessa também aos historiadores que estudam as maneiras à mesa e a história do gosto e da alimentação; aos psicólogos, aos linguistas (adivinhação: que palavra francesa

A BÍBLIA, GÊNESIS, capítulo I

Deus disse: "Eis que vos dou toda erva que dá semente sobre a terra, e todas as árvores frutíferas que contêm sua própria semente, para que vos sirvam de alimento. E a todos os animais selvagens, a todos os pássaros dos céus, a tudo o que se arrasta sobre a terra, e em que haja sopro de vida, dou toda erva verde por alimento". E assim se fez.

tem a mesma origem que pudim?⁴), aos geógrafos, aos economistas, sociólogos, botânicos, médicos, biólogos, políticos. Por muito tempo, o relevo, o clima, os recursos disponíveis impuseram o destino culinário de uma região ou de um povo. Mas as guerras, as correntes migratórias tiveram também um papel nas mudanças alimentares, introduzindo novos legumes que se tornaram essenciais, como a batata trazida da América do Sul para a Europa pelos conquistadores, ou a soja, que os chineses levaram para o Japão. Não devemos nos esquecer ainda de que a história humana, desde suas origens, é marcada pela penúria e pela fome. Não é preciso muito tempo para que uma população caia na subalimentação; basta, por exemplo, uma mudança climática, uma guerra – desta, os habitantes das cidades europeias guardam a lembrança: faltava manteiga, ovos, leite, açúcar, carne, café, legumes. Os habitantes de Darfur nos dias de hoje, os da Etiópia ou da Somália tempos atrás... A alimentação instala-se também no coração do universo político pela via das questões de desenvolvimento sustentável, de meio ambiente, de intercâmbios Norte-Sul ou dos organismos geneticamente modificados. E esse processo tende a se acelerar.

Quanto à "distinção" social, cara a Pierre Bourdieu, em nenhum lugar ela se manifesta de modo tão constante como na alimentação – das maneiras à mesa aos produtos e à própria cozinha. A globalização não resultou em igualdade. É verdade que se come melhor, e na China, por exemplo, passou-se de uma fome

---

4. Resposta: *boudin* (chouriço, morcela), de origem *viking*. [N.A.]

quase endêmica a um regime alimentar suficiente para que, em trinta anos, se registrasse um aumento médio de seis centímetros na estatura dos jovens. No entanto, em toda parte, e especialmente nos países desenvolvidos, as diferenças no que tange à alimentação continuam – e até se acentuaram. Das bandejas de alimentação nos aviões às prateleiras de "especiarias finas", nem todos têm uma alimentação de primeira classe. De um lado, a "grande cozinha"; do outro, a "refeição". Pretender-se gastrônomo já é um traço distintivo de pertença. O que é a gastronomia senão o fruto de uma colaboração entre escritores e os ofícios ligados à alimentação, para fazer com que os burgueses, no século XIX, tivessem acesso a uma arte culinária até então reservada à nobreza? Isso não significa que não se come tão bem nas classes médias e populares, mas que se come de outra maneira. Significa principalmente, talvez, que se o *diz* de outra maneira. A simples leitura de menus de restaurantes é suficiente para nos convencermos disso.

E, como nos ligam à terra, a essa terra mãe de que falam os antigos, os legumes ocupam um lugar muito especial tanto na história da alimentação como em nosso imaginário, em nossos mitos, em nossos costumes, em nossa herança familiar. Durante muito tempo eles constituíram, senão a base da alimentação, garantida pelos cereais, pelo menos sua parte mais fundamental. Da colheita ao agrupamento – ainda hoje, os dentes-de--leão nas campinas, os cogumelos nas florestas, as amoras à margem dos caminhos –, os vegetais são de um valor inegável, que garantem a subsistência quando não se tem nada. Estão na aurora da humanidade, constituem o grau elementar da organização social, a passagem do cru ao cozido, da natureza à cultura, do estado de coleta ao de agricultura: os seres humanos domesticaram os legumes como domesticaram os animais, escolhendo plantas, observando os efeitos sobre seus corpos. As plantas, cereais, ervas, raízes acompanham o início da sedentarização: cultivar requer que se faça paragem durante o período necessário para semear, deixar que as plantas cresçam e colher.

O legume, como toda cultura, está na esfera do tempo, da paciência, do ritmo das estações. O hortelão o sabe por experiência – e essa experiência se torna símbolo da existência humana, como salienta o texto do Eclesiastes: "Há um tempo para nascer e um tempo para morrer, um tempo para plantar e um tempo para colher o que se plantou".

Os legumes da primavera, do verão, do outono, do inverno. Assim como são necessários nove meses para levar uma gravidez a bom termo, é necessário determinado tempo para que uma couve cresça ou um tomate amadureça. A química modificou um pouco isso, e não é por acaso que nossa civilização da velocidade, do desempenho e do consumo procura produzir legumes com mais rapidez, legumes maiores, mais perfeitos, de dimensões mais adequadas, tomates mais vermelhos e verduras mais verdes, endívias mais brancas do que o natural. A cultura se adianta à natureza.

Napoleão III encantava-se com a ideia de que, graças à estrada de ferro, as ervilhas chegariam frescas a Paris, prova de que o legume nos fala também do espaço. O espaço da horta: canteiros muito bem traçados, geometria impecável, alinhamento, ordem, economia espacial criteriosa. Não é à toa que se usa a palavra *planche*[5]. Mas também espaço social, comparação – e talvez até rivalidade – entre aldeias ou, ao contrário, troca de sementes, de receitas, de produtos, transmissão de geração a geração. Quando a cadeia se rompe, o que acontece? As variedades e, às vezes, as espécies desaparecem. Diferenciação entre espaço rural e espaço urbano, enfim, cuja distância aumenta e se torna mais dramática em tempo de guerra. Assim, durante a Segunda Guerra Mundial, o tupinambor ou a rutabaga alimentaram as populações citadinas que não tinham acesso ao luxo da batata. Hortas surrealistas na Berlim bombardeada em 1945, quando as mulheres plantavam alguns legumes em apartamentos semidestruídos, sem portas nem janelas, para não morrerem de fome... O legume encarna, então, a revanche da vida contra a morte, a vitória do frescor contra a podridão, o triunfo do rural sobre o urbano.

Mas os legumes indicam também o lugar do pobre na história social da alimentação. No século XVII, La Bruyère vê nos camponeses "animais selvagens", que "à noite se recolhem a suas tocas, onde vivem de pão preto, água e raízes". O cereal, sob qualquer forma que se apresente, constitui a base e o símbolo dos camponeses, ao passo que a carne, durante muito tempo, era sinal de riqueza e luxo. Considera-se que a hortaliça, quando erva e não leguminosa, não tem propriedades alimentícias. Ao contrário do cereal, ela não deixa o corpo alimentado, no limiar da

---

5. *Planche*: termo francês que significa "prancha" e também "canteiro".

FLAUBERT, *Bouvard e Pécuchet*

No fim da aleia de carpinos, perto da dama de gesso, elevava-se uma espécie de cabana de toros de madeira. Ali Pécuchet guardava seus instrumentos e passava deliciosas horas a debulhar sementes, escrever etiquetas, arrumar suas ervilhas. Para descansar, sentava-se numa caixa diante da porta e fazia projetos de embelezamento.

Ele havia plantado, ao pé da escadaria externa, dois canteiros de gerânios; entre os ciprestes e as tifas, plantara girassóis; e como as bordaduras do jardim eram guarnecidas de botões-de-ouro, e todas as aleias estavam recém-ensaibradas, o jardim resplandecia com uma abundância de tons amarelos.

Mas na terra as larvas abundavam; apesar da camada de folhas mortas, sob os caixilhos envidraçados e sob os vasos de proteção contra geada só nasciam vegetações raquíticas. As mudas não pegaram, os enxertos se desprenderam, a seiva dos mergulhões secou, as raízes das árvores estavam doentes; as sementeiras foram uma decepção. O vento comprazia-se em devastar as ramas do feijão. O excesso de estrume estragou os morangueiros, os tomateiros ressentiam-se por seus brotos não terem sido aparados.

Faltaram brócolis, berinjelas, nabos, agrião, que ele queria plantar num caixote de terra. Depois do degelo, viu-se que todas as alcachofras estavam perdidas. As couves o consolaram. Uma delas, principalmente, o enchia de esperanças. Ela vicejava, crescia e acabou se tornando prodigiosa, mas incomestível. Pouco importava. Pécuchet ficou contente de possuir um monstro.

saciedade. O legume foi também, durante muito tempo, o primo pobre da gastronomia. Tem um papel secundário, acessório. Dão-lhe um papel de entremez ou de acompanhamento. Serve de guarnição para a carne, a caça ou peixe, ele os complementa, tem uma função subalterna de decoração, de reforço. Para La Reynière, autor do *L'Almanach des gourmands* (Almanaque do gastrônomo, 1803), "o homem verdadeiramente digno do título de gastrônomo considera os legumes e as frutas quase que apenas como meios de limpar os dentes e refrescar a boca, e não como produtos independentes capazes de satisfazer um apetite voraz". O legume não é um produto nobre, é a natureza humilde, ignóbil, no sentido próprio. É sem dúvida por esse motivo que seu lugar na poesia, na arte (à exceção da natureza-morta) é mais modesto do que o das frutas, das flores e das árvores. Para ele, nada de poesia lírica, mas o espaço da fábula, da pequena ode ou do desvio burlesco, como o poema "La Salade" (A salada), de Ronsard. As metáforas confirmam: em francês, dizemos "bela como uma rosa" e "bobo como uma couve", uma "carnação de lírio" ou uma "pele de pêssego", mas uma "cara de endívia ou de nabo". É muito melhor ser uma gazela do que um aspargo! Tratar alguém como um legume é pouco lisonjeiro. O legume, portanto, simboliza não o vegetal, mas o vegetativo. Quanto ao homem importante, nós o chamamos de *grosse légume* [grande legume, figurão], e note-se o feminino depreciativo...[6]

---

6. *Grosse légume*, literalmente: grande legume. O termo francês *légume* é masculino, mas nessa expressão é usado no feminino.

PIERRE DE RONSARD, A salada

Lava tua mão: que fique limpa e pura;
Anima-te; traz uma toalha;
Juntemos as verduras, façamos uma salada
E prestemos atenção aos frutos da estação.
Andando um pouco a esmo, o olhar distante,
Por aqui, por ali, por toda parte ignorado,
Ora numa margem, ora acima de uma vala,
Num roçado deixado ao abandono
Que produz por si só,
Sem cultivo, ervas de toda sorte,
Eu irei, solitário, para um lugar distante.
Tu irás, Jamyn, a outro lugar
Procurar, diligente,
A folhuda bolsa-de-pastor,
A margarida de folhas miúdas,
A pimpinela boa para o sangue,
Para o baço e para a dor de lado:
Eu colherei o rapúncio de raiz doce,
Companheiro do musgo,
E o botão das groselheiras novas
As primeiras a anunciar a primavera.
[Depois, lendo o inventivo Ovídio]
Naqueles belos versos em que de amor se faz guia,
Ao nosso abrigo voltaremos devagar.
E lá, arregaçando as mangas até os cotovelos,
Lavaremos ervas a mancheias
Nas águas sagradas de minha bela fonte,
E as polvilharemos com sal e as regaremos
Com vinagre cor-de-rosa,
E as untaremos com o azeite da Provença:
O azeite que vem de nossos vergéis da França
Desarranja o estômago e não vale absolutamente nada. [...]

UM POUCO DE HISTÓRIA

Em muitos lugares, a refeição comum ainda se limita a um ou dois produtos básicos. Porém, de forma paradoxal e como reviravolta dos tempos modernos, pode-se pensar que o legume se tornou um luxo nos países desenvolvidos, que ele seria o leve, em oposição ao pesado. De um lado, as pastas, as "batatas"; de outro, a vagem, as verduras... Em suma, a massa com o guisado e a alface com a azeda, metáfora do dinheiro![7] De um lado, aqueles que se nutrem; de outro, aqueles que comem. Ou, para citar outra vez Brillat-Savarin: "Os animais se alimentam, o homem come; só o homem de espírito sabe comer." Mas todo mundo pode saber comer, porque saber comer se aprende.

Ora, nos tempos atuais, independentemente do que pensem os apreciadores do *roquefort*, a pecha de comida pouco saudável recai primeiro sobre os legumes.[8]

No imaginário coletivo, os legumes se identificam com dieta, regime, austeridade. Para Rabelais ou Rousseau, eles são a chave de uma alimentação equilibrada e sóbria. Encontram-se do lado da prescrição do médico ou da mãe: "coma seu espinafre", "você tem de tomar a sopa para crescer", e os famosos "cinco legumes por dia" para diminuir os riscos de câncer ou de doenças cardiovasculares. Os legumes se colocam, pois, do lado

---

7. Azeda (em francês, *oseille*) significa também "grana".
8. Provável referência aos ataques do sindicalista francês José Bové contra os transgênicos.

LOUIS ARAGON, *Tratado do estilo*

Legumes, aborrecidos legumes. Penso nessas mulheres que passaram a vida à sombra de tuas aparas, a faca brilhando, dançando em suas mãos. Legumes, tuas cores tristes, tuas aparas, tua consistência. Certamente não picarei em pedacinhos menores os salsifis das censuras, a rutabaga das advertências, o nabo das razões intermináveis, o rábano, o rábano. Eu deixo ao mofo a catadura rubicunda do tomate, os argumentos ao fundo de alcachofra, os gritos de furão* da abóbora, toda uma verdadeira raiz-forte crítica.

---
*   A expressão *cris de putois* significa protestar.

do utilitário e não do prazer, da dietética e não da gastronomia, da razão raciocinante do adulto e não da gulodice infantil... Eles se opõem à alimentação regressiva que enche os estômagos preguiçosos. A obesidade é um marcador social. No passado, quando muitos não comiam até ficarem saciados, era sinal de riqueza. Atualmente, porém, nas sociedades ocidentais, onde a magreza funciona como modelo estético, ela se impõe aos menos favorecidos. Alimentos gordurosos, muito salgados ou muito doces – amendoins de aperitivo, salsichas, barras de chocolate, McDonald's, batata frita, bandejas para comer diante do aparelho de televisão, pizzas, *paninis* ou sanduíches gregos gordurosos, maionese, *ketchup* –, excesso de glicídios e lipídios, superalimentação de bebês grandes, que a qualquer hora do dia se empanturram em busca do prazer imediato. Quanto aos adolescentes, em sua maioria deixam-se levar por esse caminho por demais fácil, o que é talvez mais inquietante. As últimas pesquisas indicam que, na França, um em cada quatro adolescentes está ameaçado de obesidade.

Ora, o legume exige que se ocupem dele. É preciso comprá-lo, descascá-lo, lavá-lo, cortá-lo, cozinhá-lo... Ele murcha, escurece, amolece, apodrece. Prepará-lo, cozinhá-lo requer um pouco de tempo, de atenção, de invenção. Mas é por isso mesmo que ele pode se tornar uma fonte de prazer e não um mero incômodo.

Porque o legume não apenas nos liga à terra que o produz, ele cresce também no terreno de nossa memória afetiva: a sopa de alho-poró de uma mãe, a tagine com alcachofras e favas de uma tia, o repolho recheado de uma avó, as lentilhas da cantina. Cada um de nós tem suas evocações, suas lembranças e outros tantos sabores que falam ao nosso coração. Os legumes têm algo a ver com o íntimo, o familiar, com a tradição doméstica. Para os homens, a caça, as carnes, os peixes, os pratos nobres e a escolha do vinho. Para as mulheres, o cotidiano, as cenouras, os nabos e os alhos-porós na panela que cozinha a fogo lento – literalmente, a sopa –, o doce de fruta que canta na panela, a torta de maçã no forno.

Falar de legumes, portanto, é partir em busca de um território, de uma cultura, é descobrir os traços de uma história que se insinua na etimologia de uma palavra, a viagem de um produto de uma região a outra, de um país a outro, de um domínio simbólico a outro – por que as cenouras causam docilidade e por que as crianças nascem de repolhos? É passar de uma horta a um poema, a um quadro representando uma verdureira, essas senhoras que falavam alto e empurravam seus carrinhos pelas ruas de Paris, gabando suas verduras frescas; passar de uma canção, talvez, a um conquistador que trará brotos e condimentos novos no bojo de sua caravela. É viajar no espaço e no tempo, do coletivo ao mais íntimo, é cruzar nossos saberes e nossas indagações, nossas experiências, nossas curiosidades. Na casca de uma ervilha, nas sementes de um tomate, nas folhas secas de um rabanete que jogamos fora sem prestar atenção escondem-se tesouros.

UM POUCO DE HISTÓRIA

É isso mesmo! Os legumes não são tão vegetativos quanto se poderia pensar. Eles nascem, vivem e morrem. Modestamente, porém, sem que se note, constituem talvez, desde a aurora dos tempos, o encontro mais fecundo entre a natureza e a cultura.

O gosto (c. 1635)
Abraham Bosse

Inspirada numa das gravuras que representam os cinco sentidos, essa cena íntima joga com a polissemia da palavra "gosto". O interior elegante reflete o refinamento dos personagens, e a alcachofra partilhada simboliza, ao mesmo tempo, o prazer gustativo e a atração sensual que eles sentem uns pelos outros.

Questão de gosto

Nada mais variável do que o gosto – de acordo com a época, o lugar, o grupo social a que pertencemos, sem esquecer a parte subjetiva e pessoal que ele contém. Alguns legumes, como o tomate, levaram séculos para se aclimatar, ao passo que outros, como a pastinaca, desapareceram pouco a pouco de nossos pratos, para depois ressurgirem com a moda dos legumes... esquecidos.

Ao longo dos séculos, a palavra "gosto" limita-se a designar um dos cinco sentidos, aquele que nos permite sentir o sabor. Mas sua etimologia, do latim *gustus*, já indica uma noção diferente: a raiz indo-europeia de onde provém o saxão *kausjar* (daí o inglês *choose*) significa escolher. Estabelecer alguns elementos para uma história do gosto significa, pois, destacar as escolhas de uma sociedade ou de um grupo social – sem fazer um prejulgamento das mil nuances introduzidas pelos indivíduos. Nossos gostos nos definem. Mas não existe gosto sem aversão,

A palavra francesa "*légume*" vem diretamente do baixo-latim *legumen, -inis*, neutro. Mas a etimologia é problemática. Muitas vezes diz-se que deriva do verbo latino *legere*, que significa colher, escolher e, por extensão, ler. Nada o demonstra de forma cabal. Littré legitima essa hipótese, esclarecendo que o termo *légume* deriva de *leüm* (leum) depois da queda da consoante média. Examinemos essa ligação entre o legume que se colhe e o texto que se escolhe... No século XIV, *lesgum* era um termo coletivo e designava uma planta com vagem, isto é, uma leguminosa. Inicialmente de gênero masculino (em francês), tornou-se *la légume* (feminino) em 1575 e, cinquenta anos depois, voltou ao gênero masculino! A expressão "um grande legume" [um figurão] só apareceria nos dicionários em 1832, devido às *graines de épinard* [sementes de espinafre], franjas usadas nas dragonas dos oficiais superiores do Exército francês. Esse transexualismo hesitante dá o que pensar... Etimologia incerta, gênero indeterminado, o legume engloba em nossa língua [o francês] espécies outrora distintas entre os romanos, juristas que não brincavam com as categorias:

Legumen: leguminosas (favas, ervilhas, lentilhas, dólicos, etc.).
Olus: legumes que são cozidos na panela.
Frumenta: cereais.
Acetaria: legumes verdes temperados com vinagre.

Durante muito tempo, a palavra *herbes* [ervas], em francês, significou verduras, por oposição às raízes, nabos, cenouras e assemelhados. Só em fins do século XIX a palavra *légume* viria a designar o conjunto das hortaliças.

sem desgosto. E pode-se imaginar que uma história deste último seria igualmente instrutiva: dize-me o que não consegues engolir, que te direi quem és!

A história do gosto na França tem raízes no século XIV, quando surgem os primeiros livros de cozinha, Le Mesnagier de Paris (O parisiense, 1393) e Le Viandier (O bom anfitrião, 1370), de Taillevent. *Le Mesnagier* é uma coletânea de conselhos de todo tipo que um velho burguês parisiense dá a sua jovem esposa de quinze anos. As considerações morais e religiosas precedem as instruções culinárias e os conselhos para administrar a casa ou comprar leite fresco no mercado. Esse manual de economia doméstica nos dá uma profusão de informações práticas sobre a vida cotidiana em fins do século XIV e indicações preciosas sobre os menus e as receitas da burguesia da época. Já o *Le Viandier* reflete os gostos e as práticas aristocráticas, visto que seu autor, Guillaume Tirel, dito Taillevent, fora mestre-cuca dos reis Carlos V e Carlos VI. Os brasões gravados em sua lápide se somam a outros indicadores que sugerem ter sido ele alquimista. Transformação pela chama e busca da quintessência: a cozinha toca os próprios segredos da substância e da vida.

O gosto medieval se caracteriza pela paixão pela cor (verde, amarelo, vermelho e até azul!) e pelas especiarias, acrescentadas "em grande profusão" em todos os tipos de pratos. O lugar-comum de que elas serviam para disfarçar o cheiro da carne deteriorada foi rechaçado pelos historiadores, pois em geral a carne era consumida fresca, depois de lavada. Ao ler as receitas, percebe-se que essas especiarias estavam presentes em todos os pratos, quer fossem tortas, sopas ou carnes. Atribuem-se a elas virtudes terapêuticas, visto que a tradição medicinal da comida sobrevive largamente na Idade Média. Não obstante, a grande margem de escolha deixada ao usuário e a vagueza das prescrições mostram que se tratava principalmente de uma questão de gosto. As especiarias pertencem também ao imaginário, elas perfumam o jardim do Éden, falam de países distantes, de terras orientais que fazem sonhar – como a semente do paraíso [a malagueta], vinda da África Ocidental –, ao mesmo tempo em que enriquecem aqueles que as negociam, instituindo poderosos circuitos econômicos. O valor de troca das especiarias não está na origem de nossa expressão "pagar em espécie"?

A essas especiarias (gengibre, pimenta, açafrão, canela ou cinamomo, galanga, cardamomo, anis, cominho...) acresce-se o predomínio do sabor ácido. Um grande número de pratos requer em sua preparação marinadas, molhos de agraço (suco extraído de uvas verdes) ou de vinagre. Na França, esse sabor sobrepõe-se ao doce, que se separa, nitidamente, cada vez mais do salgado, ao contrário do que acontece em outros países da Europa, onde um mesmo prato pode associá-los ou estar disponível em uma ou outra versão. O sabor acidulado vai de par com uma cozinha muito pouco gordurosa, e também com o toucinho, a banha animal ou o óleo, dependendo da região, sendo a manteiga reservada aos camponeses. Os espessantes são leves, sempre à base de miolo de pão ou de amêndoas moídas.

UM POUCO DE HISTÓRIA

A Idade Média toma de empréstimo à Antiguidade "a grande cadeia do Ser", uma leitura piramidal da criação. Essa pirâmide vai dos elementos inanimados até Deus, de baixo para cima. Assim, o animal encontra-se em posição superior à do vegetal. No âmbito dos vegetais, as frutas dominam as folhas, que por sua vez são superiores às raízes. A terra, a água, o ar e o fogo, em círculos concêntricos, seguem a mesma ordem crescente. Essa hierarquia inscreve-se numa visão do mundo que vai do terreno ao espiritual, do inferno ao paraíso, do corpo à alma. Naturalmente, ela se integra a uma concepção cristã do universo. Os legumes, que pertencem ao mesmo tempo ao inanimado e ao vegetal, nessa época só podem ser um alimento grosseiro, bom apenas para camponeses rústicos e para animais.

As mesas aristocráticas privilegiam os mamíferos marinhos (baleia, foca, lontra-do-mar, golfinho) e as grandes aves (pavão, cisne, grou, garça-real, cegonha, cormorão), desmembrados e depois reconstituídos com suas penas. Esses animais selvagens vivem livres como o nobre. A simbologia que une estreitamente a natureza do alimento àquele que a consome explica uma parte dos gostos medievais – e bem mais que isso: eu sou o que como, e eu como o que sou. A carne de boi é desprezada e reservada apenas para o caldo, pois se dá preferência ao carneiro e ao vitelo – mas principalmente à caça, privilégio aristocrático. O conjunto, bastante hierarquizado, é coerente. Microcosmo e macrocosmo estão em perfeita simetria.

Uma primeira mudança ocorre no Renascimento, sob a influência da Itália. Para Lorenzo Valla, autor de *De vero falso-que bono* (1431), o gosto constitui uma das chaves não apenas da volúpia, mas também da civilização. Para o nobre italiano Bartolomeo Sacchi, também chamado Platina de Cremona, cuja obra *De honesta voluptate* (c. 1470) é bastante difundida na Europa desde os primórdios da imprensa, a refeição representa um dos mais importantes lugares da convivialidade e da amizade. Esse erudito humanista a serviço do papa pensara a princípio em escrever um tratado sobre o prazer de comer, mas foi obrigado a pôr um pouco de água em seu epicurismo! A obra viria a ser traduzida em 1505 por Didier Christol, sob o título *Le Livre d'honnête volupté et santé* (O livro da volúpia decente e da saúde).

Ela nos dá uma síntese muito interessante de uma cozinha que mescla as influências romanas e medievais com as inovações do período pré-renascentista. Platina termina cada receita com um comentário dietético e médico. Assim, determinada torta branca – uma espécie de *cheese cake* – "é de lenta concocção (difícil de digerir), esquenta o fígado, provoca opilação (obstrução), engendra pedra, cálculo e prejudica os olhos e o fígado". No livro também se encontra, como se verifica em determinadas etnias, o valor simbólico relacionado a tal ou qual parte do corpo do animal: as coxas o tornarão mais rápido nas corridas; o cérebro, mais inteligente. Não é verdade que continua fazendo sucesso na publicidade esse pensamento mágico do *mana*? O grande destaque dado às virtudes afrodisíacas

PLATINA, *O livro da volúpia decente e da saúde*

Torta de ervas do mês de maio

Corte e triture a mesma quantidade de queijo que indiquei acima, no primeiro e segundo capítulos das tortas*. Feito isso, acrescente suco de bredo, um pouco de manjerona, um pouquinho mais de sálvia, um pouquinho de menta, muita salsinha pilada no pilão, quinze ou dezesseis claras de ovo bem batidas, e meia libra de banha, gordura ou manteiga fresca. Misture tudo. Há quem acrescente algumas folhas de salsinha apenas cortadas, não piladas, meia libra de gengibre branco, além de oito onças de açúcar. Tudo isso é misturado numa panela ou numa frigideira bem untada e posto para cozinhar sobre carvões, longe da chama por causa da fumaça, mexendo sempre até a mistura ficar espessa. Quando estiver quase cozida, misture numa outra frigideira, dentro da qual está uma parte da massa, que deve ser coberta com a restante e cozida lentamente em fogo brando. E, uma vez cozida e posta no prato, convém acrescentar açúcar e água de rosas. E esse tipo de torta, quanto mais verde melhor e mais saborosa. Aqueles que não se dão bem com comidas cruas devem evitá-la, pois ela é de difícil digestão, prejudica os olhos, gera cálculos.

---

* Trata-se de uma libra e meia de queijo fresco.

prova, se é que é necessário, a ligação universal entre alimentação e sexualidade. Mas o propósito de Platina, como indica o título, é a *volúpia decente*. "Eu entendo e falo da volúpia que é temperança e regra de bem viver, e que a natureza humana deseja ter."

Uma mente sã num corpo são, um gozo moderado, uma harmonia dos sentidos, um melhor conhecimento da natureza: o primeiro livro de receitas impresso inscreve-se plenamente no projeto humanista do Renascimento. As receitas, torta de flores de *seuz* (*sureau*, sabugueiro), alecrim em conserva ou favas frescas na sopa, mostram isso de forma cabal.

Lembremo-nos de Gargântua, demovido de seus hábitos deploráveis de glutonaria por seu preceptor Ponócrates. A refeição, doravante sensato equilíbrio entre ervas, raízes e água fresca, é pontuada de leituras tiradas dos antigos sobre as virtudes medicinais e dietéticas dos alimentos. Para Rabelais, essa mudança de regime alimentar é um desses símbolos do espírito novo do humanismo e parte integrante da educação do jovem nobre.

Em sua obra *De civitate morum puerilium*, Erasmo de Roterdã aborda a educação para a civilidade, em especial no que se refere à maneira de comer. Prevalecem as regras de higiene, proibindo cuspir, enxugar-se na toalha de mesa ou forçar o vômito. É grosseria oferecer ao vizinho de mesa um pedaço de carne já tocada ou, pior, que já foi levada à boca.

As maneiras à mesa evoluem no sentido do refinamento e da individualização. A esta última – que supõe que se disponha de meios para comprar talheres, copos, pratos, quando os pobres ainda se contentam com a tábua redonda onde se corta o páo (trincho), com a colher e a caneca comuns – acrescentam-se depois do Renascimento regras cada vez mais sofisticadas. Surge o garfo. A faca destinada à mesa substitui a adaga ou a espada. Confessando preferir beber no próprio copo a partilhá-lo, Montaigne escarnece, depois de seu encontro com o mordomo do falecido cardeal de Caraffa, da seriedade com que alguns falam da "ciência da goela":

> Ele me fez um discurso sobre essa ciência da goela com gravidade e postura magistrais, como se me falasse de algum ponto importante de teologia. Ele me esclareceu uma diferença de apetites: aquele que se tem quando se está em jejum e o que se tem depois do segundo e do terceiro pratos; os meios para ora simplesmente satisfazê-lo, ora abri-lo e estimulá-lo; a distribuição de seus molhos, primeiro em geral, depois especificando as qualidades dos ingredientes e seus efeitos; as diferenças entre as saladas segundo sua estação, a que deve ser aquecida, a que deve ser servida fria, a maneira de ornamentá-las e embelezá-las para torná-las ainda mais agradáveis à vista. Depois disso, entrou na ordem do serviço com belas e importantes considerações (...).

"E tudo isso", continua Montaigne, "inflado com ricas e magníficas palavras, as mesmas que costumamos usar para falar do governo de um império". (*Ensaios* I, 51, "Da vaidade das palavras".)

E assim ele ajusta contas com o pedantismo gastronômico! Os séculos XVI e XVII também assistem ao desenvolvimento do gosto pelos legumes. O espaço dos cereais e das ervilhas diminui em proveito do dos cogumelos, pontas de aspargos, brotos de lúpulo ou gavinhas de videiras, alcachofras e cardos-hortenses. O cozinheiro La Varenne recomenda "mil tipos de legumes que se encontram em abundância no campo". Sem dúvida, isso representa um enfraquecimento da crença medieval na "grande cadeia do Ser", mas também constitui uma moda da corte, influenciada pelas guerras da Itália e pelas rainhas Catarina e Maria de Médicis. Na cozinha francesa, diminui o espaço das especiarias – com exceção da pimenta, do cravo-da-índia, da noz-moscada e da canela nos pratos doces. Os franceses que viajam pela Europa se comprazem com a cozinha por demais condimentada dos banquetes alemães ou espanhóis, e será preciso ter a curiosidade e a tolerância de Montaigne para "se lançar às mesas estrangeiras mais carregadas de condimentos". Popularizadas, com preços mais baixos, as especiarias já não servem para marcar a distinção entre mesas aristocráticas e burguesas. As tortas ornamentadas com cabeças de animais, à maneira medieval, parecem vulgares. Surgem então outros critérios – de acordo com um esquema eterno que se apoia no processo de diferenciação social. Em um século em que os burgueses macaqueiam os fidalgos, é preciso encontrar novos códigos que os distingam. Cada época não inventa suas modas?

No século XVII, "a distinção pelo gosto", para retomar a fórmula do historiador Jean-Louis Flandrin, se fará pela busca do natural. As especiarias são substituídas pelas ervas, mandioquinha-salsa, estragão, cheiro-verde, e privilegia-se o cozimento rápido e em separado dos diferentes ingredientes.

"A melhor e mais sadia maneira de comer o assado, tal como ele pode ser, é devorá-lo logo ao tirá-lo do espeto em seu suco natural, e não cozido, sem usar de muitas precauções incômodas que destroem, por seus modos estrangeiros, o verdadeiro gosto das coisas", prescreve L. S. R., autor anônimo de *L'Art de bien traiter* (A arte de bem receber, 1674) e modelo do gosto absoluto. Esse habilíssimo cozinheiro, técnico de grande finura, demonstra desprezo pela "plebe ignara". O gosto não é coisa para a gente "comum".

Acentua-se a separação entre salgado e doce. Enfim, dado que a manteiga é permitida desde a Reforma, o papado, temendo o contágio da doutrina protestante, autoriza seu uso nos dias da Quaresma, favorecendo uma cozinha menos ácida e mais gordurosa. A carne de boi faz sua aparição nas mesas aristocráticas, mas distinguem-se os pedaços "nobres" dos menos nobres. Para Jean-Louis Flandrin, é de meados do século XVII que datam os primórdios da aventura gastronômica. Os manuais de cozinha dão o tom. *Le Cuisinier français*, de Pierre François La Varenne (1651), *L'Art de bien traiter* (1674), de L. S. R., ou *Le Cuisinier royal et bourgeois* (1691), de Massialot, inventam a grande cozinha francesa.

Essa tendência para a depuração e o natural – que não se dá sem regras rigorosas – seria, portanto, contemporânea da passagem da estética barroca ao classicismo, como se essa corrente poderosa tivesse polarizado não apenas os domínios literários e artísticos, mas também a vida cotidiana.

Assim, o hortelão Nicolas de Bonnefons, no prefácio de seu *Délices de la campagne* (Delícias do campo, 1654), dá o seguinte conselho:

> Esforce-se o máximo que puder para diversificar e fazer se destacar pelo gosto e pela forma o que você vai providenciar: que uma sopa saudável seja uma boa sopa de burguês, bem servida de boas carnes escolhidas com esmero e reduzida a pouco caldo, sem picado de carne ou de peixe, cogumelos, especiarias ou outros ingredientes, mas que seja simples, visto que é chamada de saudável; que a sopa de couve tenha cheiro somente de couve; a de alho-poró, de alho-poró; a de nabos, de nabo; e assim com as outras (...) O que digo das sopas entendo que seja algo comum e sirva de regra para tudo o que se come.

Doravante, no que tange à cozinha e também à arte, "deve-se pintar a partir do natural, da natureza" (Molière), o que exige o maior talento. A "natureza" tal como a entende o século XVII é repensada, recomposta, organizada, codificada, estetizada: o jardim à francesa, e não a floresta emaranhada; a busca de uma verdade, e não de uma autenticidade.

Mas, às vezes, há uma grande distância entre a teoria e a prática. Do mesmo modo que a corrente barroca se prolonga no classicismo, essas tendências culinárias vão de par com uma apresentação dos pratos, um decoro e maneiras à mesa cada vez mais refinadas e até teatrais, no caso dos festins da corte.

UM POUCO DE HISTÓRIA

Assiste-se a uma verdadeira orgia de produtos de luxo (*foies gras*, ostras, tortulhos, trufas), de pratos complexos cuja sobremesa constitui um coroamento espetacular. Não se deve imaginar, pois, uma cozinha por demais simples, mas nessa gastronomia complexa, na qual em L. S. R. a torta de capão desossado rivaliza com uma extraordinária sopa de caranguejo, a elaboração dos caldos concentrados, dos espessantes de molhos e dos sucos está a serviço do sabor – o que não exclui o cuidado em fazer uma apresentação muito sofisticada.

Em *Le Repas ridicule* (A refeição ridícula), Boileau faz uma sátira impiedosa dessa mistura de efeitos "especiais", de remanescentes medievais e da "*nouvelle cuisine*", atacando principalmente o *restaurateur* da corte, Mignot, que, aliás, quis processar o poeta. Inspirando-se no *Repas ridicule* do poeta latino Horácio e de Mathurin Régnier, ele se compraz na sátira de um festim ao mesmo tempo mesquinho e pretensioso, em que o mau gosto culinário rivaliza com a falta de gosto literário, que resulta numa confusão geral do mais belo efeito burlesco.

Pouco a pouco, surge certo número de códigos arbitrários, cuja única função é distinguir pelas boas maneiras: comer com a faca, cortar o pão em vez de parti-lo são práticas estigmatizadas e reservadas aos camponeses. Enfim, a organização dos serviços, dos lugares à mesa, fica mais complexa e contribui para efetivar a separação entre patrões e criados, pobres e ricos, aristocratas e burgueses, príncipes e cortesãos que se agitam em torno dos poderosos.

BOILEAU, *Sátiras e epístolas*

[...] E então a sopa é servida.
Um galo aparece todo engalanado
E mudando, no prato, de nome e condição,
Recebe de todos o título de capão.
Vêm em seguida dois pratos, um deles ornado
De uma língua ensopada, coroada de salsa;
O outro, de uma almôndega chamuscada por fora,
A nadar em manteiga muito gordurosa.

[...] Nosso anfitrião fala aos convidados:
"Que me dizem do sabor dessa sopa?
Sentem o gosto do limão acrescido ao caldo?
E das gemas misturadas no agraço?
Por Deus! Viva Mignot e tudo o que ele prepara!"
Mas eu fico de cabelo em pé, pois quem diz Mignot
Já diz tudo: não existe no mundo inteiro
Envenenador mais eficaz que esse cozinheiro.

[...] Quando eu estava para sair, apareceu o assado.
Sobre uma lebre guarnecida de seis frangos magros
Erguiam-se três coelhos, animais domésticos,
Desde a tenra infância criados em Paris,
Ainda cheiravam à couve de que foram alimentados.
Em volta desse monte de carnes empilhadas
Havia um longo cordão de cotovias,
E na borda do prato seis pombos esparramados
Ofereciam como reforço seus esqueletos queimados.
Ao lado desse prato havia duas saladas,
Uma de beldroega amarela, outra de ervas murchas,
Cujo óleo já de longe feria o olfato
Nadando em ondas de vinagre rosado.

A diversidade dos gostos, alimentada pela multiplicidade de pratos do serviço à francesa – que não se espera que os convivas comam todos –, cede lugar, sem que se perceba, a um debate de especialistas sobre o "bom gosto".

Ora, é exatamente nessa época que se dá a extensão das acepções do termo "gosto". "Você tem bom gosto", felicita-se uma das *Preciosas ridículas*, de Molière. Para Voltaire, "como o mau gosto no físico, que consiste em só apreciar os temperos muito picantes e por demais rebuscados, o mau gosto nas artes consiste em só apreciar os ornamentos artificiosos e não sentir a bela natureza". (*Dicionário filosófico*.) O bom gosto supõe simplicidade, discrição, refinamento, elegância, harmonia; ele foge ao excesso, ao exagero, à sofisticação, à exuberância. Medida, equilíbrio, verdade. Assim, o bom gosto seria uma questão de sensibilidade, de intuição, de instinto, quase tanto quanto de educação.

Foi no século XVIII que a palavra "gosto" adquiriu uma acepção positiva: a partir de então, o homem de gosto é aquele que tem *bom* gosto.

"Há mil pessoas de bom senso para cada homem de gosto", observa Diderot em sua *Lettre sur les aveugles* (Carta sobre os cegos)*,* "e mil pessoas de gosto para cada um de gosto refinado". Refinamento, forma suprema do gosto.

Passando do sentido próprio ao sentido figurado, o gosto, definitivamente, escolheu seu campo. Os gastrônomos do século XIX Brillat-Savarin ou Grimod de La Reynière se encarregariam, com um talento literário muitas vezes notável, de codificar os hábitos, as tendências e as preferências de sua época. Quanto ao debate entre partidários do sabor original dos alimentos e amadores de manipulações eruditas, entre aspiração ao classicismo e arrebatamento barroco, entre simplicidade e tecnicidade, ele não dá mostras de estar prestes a desaparecer. O gosto constitui o pomo da discórdia de todas as histórias da gastronomia.

Algumas histórias
de legumes

Natureza-morta com cardo-hortense (c. 1600)
Juan Sánchez Cotán

Esse monge cartuxo é um dos mestres do *bodegon*, a natureza-morta espanhola. Objetos isolados, composição rigorosa, fundo negro e profundidade enigmática incitam à contemplação meditativa e quase abstrata. A pintura como exercício espiritual.

O cardo-hortense e a alcachofra

Reflitamos um pouco: o que distingue o burro do homem? Do cardo ao cardo-hortense, do cardo-hortense à alcachofra, da planta silvestre à planta doméstica, depois ao produto elaborado à força de pesquisas, esse longo caminho que levou séculos talvez possa nos dar uma resposta...

A princípio, os *capítulos*, cabeças de cardos das quais os homens pré-históricos (ou, mais provavelmente, as mulheres!) extraem o coração, comestível e de gosto delicado. Ainda que os primórdios da domesticação do cardo sejam obscuros, sua tradição se perpetua na Itália, como testemunha a surpresa de Goethe, no século XVIII, que encontrou dois fidalgos na Sicília que se deliciavam com cardos colhidos à beira do caminho:

> Vimos espantados aqueles dois graves personagens de pé diante de uma dessas touceiras de cardos, munidos de suas facas afiadas, cortarem o alto de seus caules. Em seguida, eles pegavam com a ponta dos dedos seu butim espinhoso, descascavam o caule e

comiam de forma prazerosa o interior. (Goethe, *Viagem à Itália*, 30 de abril de 1787.)

O mesmo acontece do outro lado do Mediterrâneo, na Síria, com o *akkoub*, e no Magrebe, com uma outra flor de cardo de que se consomem o coração e as nervuras. Em suas *Pesquisas sobre as plantas*, o grego Teofrasto, do século III a.C., faz alusão ao *cactos* – o cardo – e ao *skalias* – o fundo do capítulo; em seu *De re rustica*, Columela, agrônomo romano originário de Cádiz, ensina como obter belos capítulos de cínara; e Plínio, em sua *História natural*, do século I, ensina que o *carduus*, ancestral do cardo-hortense, é cultivado não apenas na Sicília e nos arredores de Cartago, a atual Tunísia, mas também em Córdoba, na Andaluzia, onde constitui um verdadeiro luxo. Ora, antes de se tornarem romanas, Cádiz e Córdoba foram antigas feitorias fenícias, depois cartaginesas. O cozinheiro romano Apício dá receitas para acomodar os cardos e as flores em botão do *carduus*, e também os fundos. Por exemplo, ele sugere regar os fundos cozidos com um molho de fécula feito de grão de aipo pilado, de arruda (uma planta das campinas), de mel, de pimenta com vinho palha, de garum (molho à base de peixe) e de azeite de oliva, que se acrescenta à fécula antes de salpicá-la com pimenta... Não há dúvida: em todo o Império Romano mediterrâneo, os cardos tiveram uma posição de destaque!

Depois disso, desapareceram. Mil anos de eclipse.

Como os cardos-hortenses reapareceram? Na verdade, eles continuaram sendo consumidos na Tunísia e na Andaluzia, onde depois se beneficiaram com novas técnicas de cultura, graças à expansão árabe no século VIII. Por um lado, os horteláos procuraram desenvolver a flor, o capítulo; por outro, o pecíolo e a nervura principal. Desse modo, a alcachofra e o cardo-hortense pouco a pouco vieram a se distinguir.

Inicialmente, foi o cardo-hortense que viajou da Andaluzia para a Sicília (1300); um século depois, a alcachofra, mais rara, mais delicada, entrou na Itália.

Ao que parece, o cardo-hortense veio para a França diretamente da Espanha e subiu o vale do Ródano até Lyon, "uma verdadeira região de cardos", segundo o agrônomo do século XVI Olivier de Serres. Ele continua sendo uma das especialidades de Lyon e do Delfinado, onde é posto em porões para que suas folhas fiquem brancas. Mas foi preciso esperar o fim do século XVII para que essa planta gigantesca, que pode atingir dois metros e meio, perdesse seus espinhos: "O cardo, como quer que seja manipulado, continua sempre guarnecido de espinhos fortes e aguçados", observa o mesmo Olivier de Serres. Em seguida, ele ganha a Île-de-France e atravessa a Mancha, ainda que na Inglaterra seja considerado apenas uma planta ornamental, ao contrário de sua prima alcachofra, muito apreciada.

Esta teria sido levada diretamente de Navarra a Nápoles, depois da anexação de Nápoles pela coroa espanhola? Ou teria passado pela Sicília? O léxico parece pender para a primeira hipótese, visto que o termo napolitano *carcioffola* lembra o espanhol *alcachofa*. De todo modo, a alcachofra sobe em seguida para a Toscana, onde Filippo Strozzi a teria introduzido já em 1466, depois para a Provença e a região do Vaucluse, onde começa a ser cultivada no século XVI, junto com outros legumes de origem mediterrânea, melões, *blettes* [bredos] ou *bettes-raves* [beterrabas]. Portanto, não foi Catarina de Médicis quem a levou para a França, como se supôs, mas contribuiu para tornar conhecido e apreciado um legume que ela adorava. A alcachofra é então um gênero precioso, uma iguaria refinada. O personagem que encarna *O verão*, no quadro do pintor maneirista italiano Arcimboldo, a traz em sua lapela como uma flor ou um adorno. Já o gravador do século XVII Abraham Bosse a escolheu para representar o gosto. Mas só no século XVIII, uma vez vencidas as resistências habituais diante de um produto novo, ela é unanimemente reconhecida como "um dos legumes mais notáveis e apreciados".

A língua reflete essas aventuras botânicas e gastronômicas:
O *carduus* latino deu origem aos termos *carde, cardon*.
O *carde* é a parte carnuda do cardo-hortense. É também o nome que se dá, no século XIII, à cabeça de cardo com a qual se carda a lã para desembaraçá-la.
O termo alcachofra deriva do termo árabe *al-harcharf*, que deu origem a *alcachofa* em espanhol e a *carciofo* em toscano, ao passo que o lombardo *articcioco* originou o francês *artichaut* e o inglês *artichoke*.
Quanto aos nomes científicos, eles salientam o parentesco com o cardo: *Cynara cardunculus* e *Cynara scolymus*, segundo a classificação de Lineu no século XVIII.

O cardo-hortense e a alcachofra são considerados frutos ou *entremets* no século XVI, e Rabelais os coloca no festim dos gastrólatras entre os pêssegos e os bolos ("Pêssegos em cestinhas, alcachofras, bolos folhados, cardos-hortenses, *sornettes, beignets*"). "Alcachofras verdes, violetas ou vermelhas" são cultivadas por La Quintinie na Horta do Rei em Versalhes, assim como "cardos de alcachofra" e "cardos da Espanha". Mas o apogeu do cardo-hortense se dá no século XIX. Ele é servido à espanhola na mesa real da Bélgica em 1888. Para Grimod de La Reynière, o cardo-hortense é "o *nec plus ultra* da ciência humana, e um cozinheiro capaz de preparar um prato refinado de cardos pode intitular-se o primeiro artista da Europa". O gastrônomo aconselha os *gourmets* a servir com suco concentrado de tomate ou com tutano, visto ser o cardo magro ou com parmesão bastante bom para aqueles a quem falta gosto ou habilidade!

Não seria o tutano a forma de aburguesar – o digo, de enobrecer! – um legume de extração humilde, descendente distante do cardo? Com efeito, Françoise, a cozinheira inigualável da tia Leonie, em casa de quem o narrador de *Em busca do tempo perdido* passa suas férias, prepara, no domingo, para os convidados, cardos-hortenses com tutano. Em *O caminho de Swann*, Marcel Proust exprime com exatidão:

> Porque à base permanente de ovos, de costeletas, de batatas, de compotas, de biscoitos que ela nem mesmo nos anunciava mais, Françoise acrescentava – de acordo com os trabalhos dos campos e dos pomares, o fruto da pesca, as surpresas do comércio, as gentilezas dos vizinhos e sua própria inventiva (...): um rodovalho,

porque a vendedora lhe garantira que estava fresco; uma perua, porque ela vira uma bem bonita no mercado de Roussainville-le-Pin; alcachofra com tutano, porque ela ainda não nos tinha preparado dessa maneira...

A alcachofra com tutano se revela, pois, no caminho de Combray, aldeia da região de Beauce, um extradominical, uma fantasia culinária digna talvez do caminho de Guermantes...

Isso não evitará o declínio progressivo desse legume, à exceção da região lionesa, onde todo ano realiza-se em Vaux-en-Velin, no mês de dezembro, uma festa dos cardos-hortenses... Mas a história dos legumes tem muitas reviravoltas: eis que o cardo-hortense volta aos nossos mercados graças às populações da África do Norte, que nunca deixaram de consumi-lo, especialmente no caldo do cuscuz marroquino ou nos pratos tunisianos! O mesmo não se dá com a alcachofra, com que os consumidores franceses têm certa implicância – a menos que volte a cair nas boas graças por influência da Itália, primeiros produtores e primeiros consumidores de alcachofra do mundo.

Então, afinal de contas, o que distingue o burro do homem?
A gente diz "tolo a ponto de comer feno" – talvez esse feno (os fiapos!)[9] que retiramos do fundo da alcachofra? A gente diz "bronco feito um burro", mas também "bronco a ponto de comer cardos". Burro seria aquele que não sabe tirar os espinhos da

---

9. A palavra francesa *foin* significa "feno" e também "fiapos de alcachofra".

vida para alcançar o coração saboroso das coisas? Na simbologia da Idade Média, o cardo representa as provações da existência, quem sabe até os sofrimentos do martírio, como bem mostra a coroa de espinhos ou de cardos de Cristo... mas acredita-se também em suas virtudes fecundantes e virilizantes. Ele se torna o emblema da Lorena e da Escócia, e passa a mensagem "quem nele se roça, se fere"[10], símbolo de resistência armada.

Transformado em alcachofra, ele adquire, imagina-se, ademais de suas virtudes depurativas e diuréticas confirmadas pela ciência moderna e devidas à cinarina, propriedades afrodisíacas, que contribuíram bastante para seu sucesso no Renascimento e mesmo depois dele, a se acreditar nesta receita elaborada com carinho por Madame du Barry para seu ilustre amante Luís XV: carnes de cervo e de faisão cozidas no vinho branco e acompanhadas de alcachofras e aspargos bem apimentados. "Um coração de alcachofra" não revelaria o ser volúvel? E as folhas que se comem com os dedos e que se chupam depois de mergulhadas no molho não pressagiam outros prazeres?

Esta canção popular ilustra a crença nas virtudes excitantes da alcachofra:

Comendo alcachofras, Colin diz à mulher:
Come também, minha belezinha
Elas estão bem fresquinhas;
(...) A bela, com muita doçura,
Diz-lhe: Come-as tu, pois nisso

---

10. Tradução literal do provérbio francês, que significa "quem com ele mexer, que aguente as consequências".

Meu coração se compraz.
Se, comendo-as, elas me fazem bem,
Comendo-as tu, muito mais.

Ou este pregão de Paris, muito revelador:

Alcachofras! Alcachofras!
É para o senhor e para a senhora
Aquecerem o corpo e a alma
E ficar com fogo no rabo

Nesse caso, não é espantoso o fato de a alcachofra ter sido a flor preferida de Sigmund Freud. Sua esposa sempre a adquiria no mercado. A alcachofra lhe trazia uma recordação da infância: um livro que seu pai lhe deu por ocasião de seu aniversário de cinco anos e que ele rasgou alegremente com sua irmã! Como esquecer, comenta Freud, "a alegria infinita com que arrancávamos as folhas daquele livro (folha a folha, como se ele fosse uma *alcachofra*)?" Aonde vai se refugiar a ânsia de saber? Mais tarde, Freud desenvolveu uma verdadeira paixão pelos livros.

Moral da história: o burro se contenta com cardos, o homem prefere alcachofras. E a mulher? Os cardos-hortenses com tutano, talvez!

O tupinambor (girassol-batateiro)

Como vimos, os legumes sofreram muitas vicissitudes ao longo dos séculos, e às vezes sua história é tão acidentada quanto a dos homens. O tupinambor é um dos melhores exemplos disso.

Pequeno recuo no tempo: Cortez desembarca no México em 1519; Pizarro, no Peru, uns quinze anos depois; e Jacques Cartier, optando pela rota setentrional, penetra no Canadá em 1536. Quanto ao Brasil, já no início desse século, Cristóvão Colombo percorre-lhe a costa. A informação se difunde lentamente entre o grande público, e às vezes se assemelha a narrativas fantásticas, que enchem seus contemporâneos de espanto, perplexidade e deslumbramento. Essas terras longínquas e seus habitantes tão estranhos os fascinam. No século XVI, as narrativas de viagens despertam um entusiasmo sem precedentes, e, com elas, os produtos exóticos trazidos pelos exploradores, que se tornaram conquistadores, depois colonizadores. Diante dessas novas plantas, que nem sempre se sabe preparar, há desconfiança e também curiosidade. Assim, o tomate, a batata, a batata-doce, o feijão, a pimenta, o pimentão, a abóbora serão levados da América para a Europa pelos exploradores e conquistadores da América.

Samuel Champlain, que nasceu na aldeia de Brouage, em Saintonge, e partiu para o Canadá em 1603 numa expedição de tráfico de peles, para lançar as bases de uma feitoria na região, foi quem primeiro registrou a existência desses tubérculos estranhos consumidos pelos *montagnais*, indígenas do norte do rio São Lourenço. Eles pertencem ao povo dos inus, caçadores coletores.

Ao voltar, Champlain publicou um relatório de sua viagem, *Des Sauvages* (Dos selvagens) – título completo: *Dos selvagens ou viagem que Samuel Champlain fez à Nova França, no ano de 1603, contendo os costumes, modo de viver, guerras e habitações dos selvagens do Canadá. Da descoberta de mais de 450 léguas na terra dos selvagens. Que povos a habitam; dos animais que lá se encontram: dos rios, lagos, ilhas e terras, e que árvores e frutos elas produzem. Da costa da Acádia, das terras que foram descobertas, e das várias minas que lá existem, segundo o relato dos selvagens.*[11]

Champlain faria 21 viagens à Nova França e fundaria a Acádia e a cidade de Quebec. Para nós, porém, ele é principalmente o primeiro a mencionar a planta de forma bizarra, que ainda não era chamada de "tupinambor". Segundo ele, esses tubérculos têm

---

11. No original: *Des Sauvages ou voyage de Samuel Champlain fait en la France Nouvelle, l'an 1603, contenant les moeurs, façon de vivre, guerres et habitations des Sauvages du Canada. De la découverte de plus de 450 lieues dans le pays des Sauvages. Quels peuples y habitent; des animaux qui s'y trouvent: des rivières, lacs, isles et terres, et quels arbres et fruits elles produisent. De la côte d'Acadie, des terres que l'on y a découvertes, et de plusieurs mines qui y sont, selon le rapport des Sauvages.*

gosto de alcachofra, o que é confirmado por Marc Lescarbot, um advogado que passa alguns meses na Acádia, junto com Champlain e alguns companheiros. Ao voltar, Lescarbot publica *Histoire de la Nouvelle-France* (História da Nova França), que encanta o público. Ele também descreve os costumes e os recursos dos "selvagens" dessas terras setentrionais, ainda menos conhecidas do que as da América do Sul: "Há também nessa terra certo tipo de raízes grossas como nabos ou trufas, excelentes para comer, com gosto semelhante ao dos cardos, talvez até mais agradável, as quais, plantadas, se multiplicam como que por capricho, o que é uma maravilha". Mais importante, porém, é que Marc Lescarbot trouxe algumas dessas raízes, e o fato é que elas se reproduziram com a rapidez de um raio. Os indígenas lhes dão o doce nome de *chiquebi*, explica ele. De sua parte, porém, Lescarbot quer batizá-las de *canada*, em homenagem ao seu país de origem. Infelizmente, elas são chamadas de "nozes da terra", trufas, batatas ou alcachofras do Canadá. Segundo Jean-Luc Hennig, chamam-na até mesmo de "piolho" (*vosges*), "sol de porco" (friburgo) ou "*bordon* do Canadá" (virar *bordon* do Canadá significa ficar para tia). Esses poucos exemplos traduzem a dificuldade... A taxonomia é balbuciante. E há a mesma perplexidade no que se refere à origem botânica.

Nesse meio tempo, a raiz viajou e se multiplicou! Ganhou a Holanda e a Alemanha e, em 1616, é cultivada nos jardins do cardeal Farnésio, em Roma. Embora o italiano Fabio Colonna identifique bem um *helianthus*, ele o supõe originário do Peru, como a batata. Outro botânico, o suíço Gaspard Bauhin, reconhece sua origem canadense, mas a classifica como *chrysanthemum*. Vê-se, portanto, uma hesitação. Aquela coisa esquisita, disforme, violácea e rugosa não tem nem nome nem origem precisos.

Ora, pela mesma época, em 1613, desembarca na França um grupo de índios tupinambás do Brasil, que devem estar presentes quando da entrada do jovem Luís XIII em Ruão.

Esses tupinambás, que tampouco ninguém sabe nomear direito (topis, tupis, tupinambus?), não são desconhecidos da gente instruída. Jean de Léry os chama de *Toüoupinambaoults* em sua *Histoire d'un voyage fait en la terre du Brésil* (História de uma viagem na terra do Brasil), publicada em 1578 e elevada à categoria de "breviário da etnologia" por Claude Lévi-Strauss.

Na época, esse livro fez as delícias de Montaigne, que chegou a conversar com três desses índios, em 1562, quando da entrada em Ruão do pequeno Carlos IX e de sua mãe Catarina de Médicis, aventura que deu origem a uma das páginas mais célebres dos seus *Ensaios*. Com efeito, aqueles antropófagos lhe parecem bastante sensatos e o levam a refletir sobre a barbárie. O que é ser selvagem?

> "Acho que não há nada de bárbaro e de selvagem nessa nação, a julgar pelo que me contaram; a não ser pelo fato de que cada um chama de barbárie aquilo que não está em seus costumes." (*Ensaios*, I, 31.)

Bela lição sobre a relatividade dos costumes, dos valores e da moral. Mas também reflexão sobre o conceito de natureza e início do mito do bom selvagem.

Por conseguinte, os tupinambás são um imenso sucesso de público quando desembarcam em 1613. Todos se apressaram em ir vê-los dançar e agitar suas plumas. As pessoas estremecem só de pensar em seus hábitos culinários, que consistem em assar os inimigos depois de lhes terem cortado braços e pernas, o que também inspirou algumas reflexões a Montaigne, para quem

> há mais barbárie em comer um homem vivo do que em comê-lo morto, em dilacerar com tormentos e mortificações um corpo ainda cheio de sentimentos, fazê-lo assar parte por parte, deixar que seja mordido e morto por cães e porcos (como não apenas lemos, mas vimos há bem pouco tempo, não entre inimigos antigos, mas entre vizinhos e concidadãos, e, o que é pior, a pretexto de piedade e de religião)...

Ou como denunciar a tortura e as guerras de religião sob a capa da antropologia!

Com um estranho passe de mágica, os *chiquebis* canadenses encontram seu caminho: tornam-se *topinambaux* (Lescarbot), depois *topinambous* e finalmente tupinambores. Nem por isso os descaminhos linguísticos do *Helianthus tuberosus* terminam: para os ingleses, ele passa a ser *Jerusalem artichoke* (alcachofra de Jerusalém), designação arbitrária, resultado da alteração do italiano *girasole* (o girassol) pronunciado com sotaque inglês e da semelhança gustativa com a *artichoke*.

O legume começa a fazer furor e é servido até na mesa real. Em razão, talvez, da conotação pejorativa ligada à noção de selvagem no século XVII, pouco a pouco a palavra *topinamboux* passa a designar pessoas grosseiras e limitadas. Escreve Boileau:

Confesso, chamei de *topinamboux*
Todos esses belos censores que,
Loucamente ciumentos da Antiguidade,
Amam tudo o que se detesta
E censuram o que para outros é motivo de festa.

O mesmo Boileau, bastante preocupado com o assunto, trata também a Academia Francesa de "*topinamboue*"! Essa evolução semântica é um mau sinal...

Numa carta, de 29 de outubro de 1658, o médico Guy Patin, diretor da Faculdade de Medicina de Paris, observa que o tupinambor

é uma planta procedente da América que não tem nenhuma utilidade em Paris e, que eu saiba, em nenhum outro lugar; outrora os hortelãos vendiam sua raiz, que é bulbosa e com tubérculos, mas ninguém lhe deu importância; ela requeria o uso de muito sal, pimenta e manteiga, que são três coisas muito ruins...

A moda do tupinambor durou muito pouco. Já no fim do século XVII é um produto barato. Em 1690, Furetière diz que ela é uma "raiz redonda, com nós, que os pobres comem cozida com sal, manteiga e vinagre". Rústico e prolífico, o tupinambor perdeu sua aura exótica e se fez presente na mesa dos pobres, o que nunca é bom para a imagem de uma marca... De Combles, autor de *L'École du jardin potager* (A escola da horta, 1752), não hesita: acusa-o de ser "o pior dos legumes, mas ainda muito consumido pelo povo".

O tupinambor é comido durante a Quaresma, a título de penitência. Para Jaubert, um dos redatores da *Enciclopédia*, "essas raízes são sem graça, aguadas, insípidas, nocivas à saúde e produzem muitos gases, por isso praticamente ninguém lhes dá importância em 1771". Quem quer afogar o próprio cão acusa-o de ser raivoso. Assim, suspeita-se que o tupinambor causa lepra, da mesma forma que a batata! O inusitado está no fato de que essa desconfiança se dá depois de uma primeira fase de entusiasmo, e não quando a planta era uma novidade.

O fato é que o tupinambor já está bastante rebaixado quando a batata chega. Ele é usado como planta forrageira. Em determinadas regiões da Normandia, serve até de comida para os porcos, como informa o Anuário de Falaise de 1830.

Foi preciso eclodir a Segunda Guerra Mundial para que se voltasse a descobrir os encantos do tupinambor, inseparável da fornida rutabaga, o Gordo e o Magro da Ocupação. Muito férteis, eles permitirão que se escape da carência de batatas devida às geadas, ao mau estado das estradas, aos problemas de transporte ligados ao racionamento dos combustíveis e às requisições dos chamados "besouros-da-batata". No entanto, em fevereiro de 1942, o tupinambor ou topinambor nem sempre aparecia nos mercados, pois os camponeses os guardavam para seus animais, especulando também com uma alta dos preços. "Os consumidores que o desprezavam no inverno passado ficariam muito felizes em tê-los!", observa cinicamente o relatório de um prefeito.

Bem ou mal, o tupinambor substitui a batata... justa desforra. Suas virtudes "carminativas" (de *carminare*, limpar) fazem com que seja chamado, assim como a rutabaga, flatuloso, na região de Hérault. A adversidade não impede o humor. Daí vem, sem dúvida, seu purgatório de cinquenta anos, para continuar com a metáfora. Comeu-se tupinambor e batata demais durante a guerra. Nada de voltar a isso! Portanto, um novo eclipse...

Foi necessário que se passasse meio século para que, na multidão dos legumes "esquecidos", que depois se tornaram "antigos", muito chiques, legumes *vintage*, se pudesse encontrar de novo o tupinambor. Já faz alguns anos que ele surgiu no cardápio dos grandes cozinheiros: com *foie gras*, trufas frescas ou como acompanhamento da truta vermelha. É preciso que, pelo menos, ele não lembre os porcos! E atualmente é encontrado um pouco em toda parte. Apoteose antes de um novo desaparecimento? O futuro dirá... E assim vai o grande pêndulo da história da alimentação e da história *tout court*, uma vez que a própria batata terminara por ser adotada na França, para suprir a falta de legumes em épocas de escassez, e que Parmentier lhe havia descoberto as virtudes quando prisioneiro na Prússia, durante a Guerra dos Sete Anos.

Mas o tupinambor tem mais de um trunfo em seus tubérculos. Depois de fermentado e destilado, pode dar origem a um combustível, já utilizado em 1943 para substituir a gasolina e, recentemente, como biocombustível em sua pátria adotiva, o Brasil.

No passado, substitui a batata. Quem sabe um dia o tupinambor substitua a gasolina! Eis que ele promete motores... peidorreiros.

Legumes para sopa (1733)
Jean Siméon Chardin

Chardin nos mostra a beleza das coisas em sua realidade prosaica. A brancura de uma rodilha, de uma cebola, de uma couve-flor. A simplicidade de uma bilha, de um tacho. A humanidade desses "legumes para sopa", que celebram um cotidiano universal.

A couve

Depois do cardo-hortense, depois do tupinambor, tratemos da nossa conhecida couve. Enfim um legume que todos conhecemos, que frequentamos desde sempre! Porque a couve é isto: um concentrado de memória afetiva, um alimento substancial para o corpo, mas também um legume que nos fala de uma terra, de uma região, de um passado, de uma história, um legume que se infiltrou até em nossa fala cotidiana.

A couve? Não, eu deveria escrever "as couves". *Choux*, com um *x* no final, como *bijou, caillou, genou, hibou, joujou* e *pou*.[12] Uma exceção que confirma a regra, e cuja principal característica é a diversidade.

Todas as couves pertencem à família das brassicáceas (antigamente, crucíferas), uma das mais diversificadas. *Brassica*, o nome científico, vem do grego *prasiké*: legume. Desde a Alta

---

12. Essas palavras francesas (respectivamente: joia, seixo, joelho, mocho, brinquedo e piolho) fazem o plural em *x*.

Antiguidade a couve encarna bem O legume por excelência, e nosso "*chou*" francês vem do latim *caulis*, o caule, alusão sem dúvida à couve silvestre ou vivaz, de caule alto.

Couves, repolhos (repolhos brancos ou roxos, ou repolhos verdes de Milão), couves-flores e couves-flores romanescas, brócolis, couves-de-bruxelas, couves-rábano ou rutabagas: tantas variedades de couves europeias, que se somam às suas primas chinesas, *pé tsaï* e *pak choï*, mencionadas em sua pátria de origem a partir do século V.

Essa diversidade testemunha ao mesmo tempo a plasticidade da espécie, a ancianidade de sua domesticação e a importância que lhe atribuíram. É preciso acrescentar a isso todas as variedades de couves silvestres ou semissilvestres, que muitas vezes surgem em regiões bem determinadas.

Na verdade, a maioria de nossas couves descende de ancestrais longínquos que vicejam de forma espontânea no litoral europeu. Elas são encontradas também nas falésias da Mancha, couves silvestres de flores amarelas semelhantes às couves forrageiras cultivadas. Somente as couves-flores e os brócolis são originários da zona mediterrânea.

Ancestrais muito longínquos... porque a couve é um de nossos legumes mais antigos, já presente no paleolítico, em que vicejava naturalmente ao longo das costas, depois cultivado no neolítico, um dos primeiros que foram domesticados, há cerca de sete mil anos. Encontram-se sementes até nas cavernas lacustres da Suíça; portanto, distantes de seus lugares de origem. Não é de estranhar que a couve nos seja tão familiar. Ela sempre esteve conosco...

E já nos primórdios ela era cultivada e consumida sob as mais diversas formas. Atualmente, cada região produz a sua especialidade: a couve-flor na França, o repolho para chucrute da Alemanha, o brócolis da Itália, a couve-de-bruxelas do Reino Unido, a couve-da-china da Espanha, Dinamarca e Países Baixos, cujos grandes produtores são, naturalmente, a China, o Japão e a Índia.

A couve-de-bruxelas descenderia das couves forrageiras, e não da couve primitiva. Originária da Itália, mas cultivada na Bélgica a partir do século XIII, era produzida em pântanos drenados da comuna de Saint-Gilles, depois da construção da segunda muralha de proteção de Bruxelas.

A couve-flor fez sua entrada na Europa Ocidental no fim do século XV, sob o nome de couve-da-síria ou couve-de-chipre. Não obstante, sob Henrique IV ela mantém seu nome italiano *cauli-fiori*, que reaparece no *cauliflower* inglês. Ainda rara a essa época, ela é considerada uma iguaria fina até o século XVIII, e sua cultura só se desenvolve na França por volta de 1830. Ela é hoje a espécie mais cultivada na França. Vocês já viram de perto uma couve-flor ou, melhor ainda, uma couve romanesca? Uma de suas particularidades é ser um fractal: cada flor é ela própria composta de couves-flores menores e assim por diante, ao infinito.

Quanto ao brócolis (de *broccolo*, rebento, em italiano), originário do leste do Mediterrâneo, ele é cultivado há muito tempo na Itália. Confundido durante anos na França com a couve-flor ou com os botões da couve verde, ele se espalhou pelo mundo depois que os emigrantes italianos foram fazer fortuna nos Estados

Unidos, no início do século XX, e voltaram para a Europa na década de 1980. Sua cor varia: branco na Inglaterra (isso pode ser resultado de um cruzamento da couve-flor com o brócolis), verde na Itália e na Suíça, arroxeado na Sicília, sua terra de origem.

Merece menção especial a rutabaga, que teria surgido na Escandinávia na Idade Média, nascida do cruzamento de uma couve com um nabo. Seu nome teria vindo do sueco *rotabaggar*.

Como se vê, a couve aceita todas as formas de implantação que os homens lhe impõem, e cada um pode se gabar de comer couve... à moda de sua terra!

A princípio, a palavra *potage* [sopa] engloba tudo o que se põe a ferver no *pot* [panela] com água, vegetais e/ou animais (o *olus* romano). Quanto à palavra *soupe* [sopa], mais tardia, ela designa a fatia de pão sobre a qual se derrama a sopa: daí a expressão *tremper la soupe* [literalmente, molhar a sopa]. Na verdade, *soupe* (do germânico *suppa*, de que deriva *suppe*, em alemão) inicialmente significaria sopa, mas teria designado por antonomásia a fatia de pão, antes de voltar à sua significação inicial. Servia-se a *soupe* junto com o *potage* (sopa) ou o caldo, e cada gastrônomo dará sua versão – a única verdadeira! – da distinção entre as duas palavras! A *soupe* seria mais espessa? Menos refinada? Essa nuance é recente. Boileau, por exemplo, emprega as duas palavras indiferentemente em *Le Repas ridicule*. *Bouillon* [caldo], *brouet* [alimento líquido ou quase líquido], *soupe, potage, consommé*? Quanto a mim, fico com a definição de Joseph Delteil: "A sopa, como se diz da lebre, só existe uma no mundo". E acrescenta de forma magnânima: "Só uma, em três pessoas: na primavera, sopa de favas; no verão, sopa de *baraquets* (feijões verdes); no inverno, sopa de couves". (*La Cuisine paléolithique* [A cozinha paleolítica].)

Tudo leva a crer que a sopa de couves é um dos mais antigos pratos culinários. Ela se encontra sob formas variadas na maioria das regiões da Europa, inclusive no sul da França, como demonstra um estudo sobre o abastecimento e a alimentação na Provença dos séculos XIV e XV, *Le Ravitaillement et l'alimentation en Provence au XIVe et XVe siècle* (Louis Stouff, 1970): "Durante meses, a sopa de couves, junto com o pão, é o alimento fundamental da grande parte dos provençais, assim como o borche para os camponeses russos. Nas escolas medievais, é servida aos alunos internos durante mais da metade do ano. E isso acontece por toda parte na região rural".

Com efeito, na Idade Média a couve é uma das bases da alimentação dos camponeses de toda a Europa. É fácil de cultivar, tem boa produtividade e se conserva bem. Ela cresce na horta, que é isenta de impostos. Na Normandia, a tradição regulamenta até a importância das couves na horta das fazendas arrendadas. A praxe local da região de Avranches, por exemplo, prescreve em 1930 que se reserve um quarto da horta para as couves comuns, um quarto para os repolhos, um quarto para as ervilhas e um quarto para legumes variados: metade da horta, portanto, fica reservada às couves.[13] Eu conheço muitas

---

13. O repolho é um cultivar da couve.

povoações chamadas Les Choux e uma aldeia alsaciana cujo nome, Krautergersheim[14], tem um leve odor de chucrute.

No campo, tomava-se sopa de couves todos os dias, com frequência até várias vezes por dia, de vez em quando engrossada com nabos, feijões ou rábanos, por vezes acompanhada de toucinho ou de carne, entre os mais ricos. Bem depois da Idade Média, a couve se tornará também o símbolo da cultura camponesa: substanciosa, nutritiva, aquece quando faz frio, enche a barriga quando se tem fome.

É o que acontece em *Jacquou le Croquant* (Jacquou, o Rústico), de Eugène Le Roy, cuja ação se passa em princípios do século XIX na Dordonha. Faminto, Jacquou é acolhido pelo cura de uma aldeia. A criada do vigário enche um prato de sopa de couves, que o menino devora de pé, na ponta da mesa. Quando Jacquou termina, ela lhe serve uma boa mistura de caldo e vinho, que ele toma antes de degustar com mais calma um segundo prato, diante do vigário.

Essa sopa reconfortante serve de contraponto a uma outra cena, no início do romance, em que Jacquou e sua mãe entram em seu casebre gelado, depois de terem escapado do lobo: à guisa de refeição, a mãe põe diante dele uma *mique*, "bola de farinha de milho com água, cozida com folhas de couve, sem nem um pedacinho de carne dentro, e bem fria". A sopa de couves representa a própria abundância e um certo

---

14. Krautergersheim é conhecida como a capital do repolho.

refinamento, quando Jacquou, convidado à mesa de camponeses ricos, descobre suas maneiras à mesa:

> Preparada a sopa, pusemo-nos à mesa, e a velha serviu a cada um de nós um prato cheio de boa sopa de couves e feijões. Fiquei surpreso de ver Duclaud tomar a sopa usando a colher e o garfo ao mesmo tempo. Lá em casa não conhecíamos essa prática, pela boa razão de que não tínhamos garfos. Quando ceávamos um ensopado de batatas ou de feijões, usávamos colheres. Quando era carne, usávamos a faca e os dedos; mas isso só uma vez por ano, no Carnaval.

A sopa de couves encarna também o alimento por excelência num trecho de *O ventre de Paris*, de Émile Zola, em que a vendedora de sopa de legumes e seus clientes constituem como que a essência de uma humanidade primeira, ainda próxima em suas necessidades e em seus medos da animalidade:

> No canto da calçada, formara-se uma grande roda de consumidores em torno de uma vendedora de sopa de couves. O balde de flandres estanhado, cheio de caldo, fumegava sobre o pequeno fogareiro baixo, cujos buracos emanavam uma fraca claridade de brasa. A mulher, armada de uma colher grande, pegava finas fatias de pão do fundo de uma cesta forrada com um pano e as molhava em xícaras amarelas. (...) Mas esse diabo de sopa de couves tinha um cheiro horrível. Florent virava a cabeça, incomodado com aquelas xícaras cheias, que os consumidores esvaziavam sem dizer palavra, com um olhar enviesado de animais desconfiados.

Esse "cheiro terrível" da couve (na verdade, devido às moléculas de enxofre, os glucosinolatos) se torna gradualmente o odor "fétido da couve", o próprio sinal do caráter grosseiro do alimento camponês, depois popular. Encontramos traços dele em Roger Martin du Gard, e em *1984*, de George Orwell, em que simboliza o sórdido. O cheiro forte da couve constitui então um sinal social distintivo, e negativo. Estamos no próprio coração da noção de gosto – nos dois sentidos do termo. A trufa também tem um cheiro forte. Neste caso, porém, sua raridade faz dela, a partir do século XVII, um sinal de distinção, e quem sabe até de luxo; ao passo que o cheiro da couve, legume comum, associado à vida rural, simboliza a pobreza ou a grosseria.

Progressivamente, a sopa de couves aparece como o próprio símbolo da caricatura do mundo camponês, descrito como vulgar e rústico.

No filme de Jean Giraud, *La Soupe aux choux* (A sopa de couves), dois camponeses encharcados de vinho recebem a visita de um extraterrestre. Em sinal de hospitalidade, eles lhe oferecem uma sopa de couves, ponto de partida para uma cena de flatulências do mais belo efeito. A degradação da imagem do camponês no humor do grande público é tanto mais sensível pelo fato de essa cena retomar um tema da mitologia antiga: Filêmon e Báucis, casal lendário que se tornou símbolo da fidelidade, recebem em sua casa Zeus, a quem não reconheceram, e lhe oferecem "um prato de couve temperada com uma fina fatia de carne de porco", isto é, o que eles têm de melhor. Essa lenda testemunha a preferência de que gozava a couve na Antiguidade, louvada por Aristóteles e Teofrasto entre os gregos, e por Catão, o Velho, entre os romanos.

Assim, vemos como a couve, de alimento substancial e camponês na Idade Média, torna-se o emblema de um alimento popular, pouco refinado, de odores e efeitos incômodos.

Será preciso toda a inteligência gastronômica de um Grimod de La Reynière para reabilitar a couve em seu *L'Almanach des gourmands* (p. 145), associando-a, não obstante, a pratos camponeses:

> As couves são de grande valia na cozinha doméstica e na cozinha científica. Um hábil artista sabe tirar grande partido desse legume, muito injustamente desdenhado pelo orgulho, para diversificar suas sopas, suas guarnições e acompanhamentos. Vimos que uma alcatra de boi e mesmo uma perdiz em idade madura ganham em prestígio quando ladeadas por uma espessa muralha de couves. Tudo depende do tempero. Da mesma forma, os termos mais vulgares se enobrecem sob a pena de um grande poeta. Uma couve à moda bávara, que, sob esse nome, é a porção preferida de um chouriço, não é de modo algum um prato trivial... Enfim, faz-se, em toda a Alemanha, e até na Alsácia, com repolho roxo fermentado, um preparado conhecido pelo nome de *chou-croûte* [chucrute], que, ao fazer com que o repolho perca todas as suas qualidades deletérias, torna-o um alimento saudável e agradável.

A grafia de "*chou-croûte*" mostra a forma como a palavra se construiu a partir de uma falsa etimologia do alemão *sauerkraut*: *sauer* (ácido) se tornou *chou*; e *kraut* (*chou*), *croûte* (casca, côdea), por deformação. A primeira ocorrência da palavra data de 1739, e é puramente fonética: *sorkrote*.

Logo surgiu nas regiões do Norte a questão da conservação da couve. A ensilagem do repolho, depois de cortado em tiras, a adição de sal favorecendo a fermentação lática por um ou dois meses resolveram o problema. Essa conservação em salmoura é muito antiga e praticada no mundo inteiro, principalmente na Europa Setentrional, de Flandres à Rússia, sob diferentes formas, inclusive com o nabo e o rábano ou mesmo a carne, como o *picklefeish*, carne de boi conservada na salmoura e cortada em fatias finas, prato clássico da tradição asquenaze. A salmoura tem a vantagem de preservar as qualidades naturais da couve fresca, especialmente suas propriedades antiescorbúticas, devidas ao seu teor de vitamina C. Essas propriedades contribuíram para o desenvolvimento da Marinha holandesa nos séculos XVI e XVII. Thomas Cook também as menciona no curso de sua segunda viagem ao redor da Terra (1772-1775): nenhum de seus marinheiros adoeceu de escorbuto, que à época dizimava as tripulações.

Em princípios do século XVIII, o chucrute se tornou "o principal alimento dos naturais do lugar", constata um médico, referindo-se à Alsácia. Assim, o chucrute se revela um símbolo de identidade nacional ou regional, visto que alimentação e nacionalidade se ligam estreitamente. Os húngaros, por exemplo, a partir do século XVII, fizeram do *sauerkraut* seu prato nacional,

Meu chucrute

Para 8 pessoas
3 horas de cozimento
2 kg de repolho cru
8 salsichas de Estrasburgo
1 paleta de porco defumada
1 presuntinho
1 carrê de porco (750 g)
4 ou 6 pares de salsichas defumadas
8 fatias finas de peito defumado
100 g de banha de ganso
6 bagas de zimbro num saquinho de gaze
1 cebola espetada com 2 cravos-da-índia
2 copos de *riesling*
1 folha de louro

Limpe o repolho cortado fino e depois lave-o muitas vezes com boa quantidade de água. Seque bem. Derreta a banha de ganso numa caçarola de ferro fundido. Forre o fundo da caçarola com as fatias de peito defumado, acrescente o repolho cortado, a cebola com os cravos-da-índia, as bagas de zimbro, o louro, sal e pimenta-do-reino. Acrescente o *riesling*. Deixe cozer por uma hora em fogo brando. Acrescente o carrê de porco, deixe cozinhar por mais uma hora e meia, verificando o suco do cozimento. Se necessário, ponha um pouco de água.

Enquanto isso, cozinhe a paleta defumada numa panela com água fervente. Coloque-a no chucrute quando estiver cozida e deixe por mais meia hora. Cozinhe batatas descascadas em vapor ou na água.

Numa outra panela, cozinhe o presuntinho e as salsichas, sem deixar que rebentem.

Coloque o repolho num prato de serviço bem quente e sirva-o rodeado das carnes e coroado com as salsichas.

Respire fundo.

se bem que ele fosse consumido em toda a Europa Central. Por quê? Porque ele permitia unir todos os súditos da coroa húngara em torno de um prato comum, o que não podiam fazer nem a língua nem a religião. Em compensação, esse símbolo não funcionava fora do país, visto que o chucrute existia em outras regiões da Europa. É assim que, a partir de 1870, o gulache, uma especialidade camponesa local à base de carne de boi e de páprica, foi promovido a símbolo húngaro... com sucesso!

E já que estamos na Hungria, seria uma pena não fazermos uma visitinha ao repolho recheado, verdadeiro prato *cult* de todo o Leste Europeu. O repolho recheado é o alimento da alma, é um dos pratos que nos falam do trabalho paciente, de cozimento a fogo brando, de composição às vezes engenhosa, nunca semelhante uma à outra.

"Preparar um repolho recheado: alquimia do cozimento, felicidade do calor, sedução do que se dissolve, glória da perfeição, sinceridade da tradição, retórica da invenção", escreve Allen S. Weiss num livrinho dedicado à celebração desse prato: *Autobiographie dans un chou farci*.

Para o cantor Michel Jonasz, de origem húngara, o aroma do repolho recheado lembra domingos longínquos em família, antes que esta se dispersasse. O repolho se enche de nostalgia, a nostalgia de uma tribo unida, ainda ligada a suas raízes graças à cozinha da avó:

> Cheirava a repolho recheado
> e também a amor

Todos tínhamos aquecido o coração
Como a sopa em cima do fogão

O costureiro Paul Poiret sugere uma receita tão breve quanto surpreendente numa obra coletiva que ele publicou em 1929: "Repolho doce: Pegue uma pequena folha de repolho bem branca e bem crespa. Espalhe na folha doce de groselha. Coma-a."[15]

Já Serge Gainsbourg, cujo pai era russo, faz do repolho uma espécie de autorretrato, que oscila entre a autoironia e o trágico:

Sou um homem com cabeça de repolho
Metade legume, metade gente

Humor que se vale de jogo de palavras, pois em gíria parisiense "repolho" é também cabeça... o que tem toda lógica, visto que o *cabus* [repolho liso] era chamado de *capu* ou *chou-tête* [couve-cabeça], termo derivado de *caput*, cabeça. Antes da guerra, "*piquer un cabus*" significa, em gíria escolar, "*piquer une tête*", dar um mergulho. "Entrar no repolho" quer dizer agredir alguém frontalmente. Mas ter orelhas de "folhas de repolho" é ter "orelhas de abano", o que, no caso de Serge Gainsbourg, é dizer pouco!

"Por que se diz estúpido como uma couve?", pergunta-se Marcel Proust. "Você acha que as couves são mais estúpidas do que outra coisa?" Uma coisa estúpida como uma couve,

---
15. In Phillipe Gillet, *Le Goût et les Mots*, p. 125. [N.A.]

poderíamos responder-lhe, está ao alcance dos mais simples, indício sem dúvida da conotação negativa associada ao mundo rural. De resto, em espanhol, *berza* deu origem a *berzas* [berça, couve], idiota, que corresponde ao inglês *cabbage-head* [cabeça de repolho] e ao italiano *testa di cavolo*. A Europa dos cabeças de repolho está em marcha.

São inúmeras as expressões com a palavra couve. No século XVII, mandar uma pessoa "plantar suas couves" era mau sinal, o mesmo que despachá-la da corte para seu campo natal.

Na linguagem dos turfistas, "estar nas couves" é quando o cavalo termina indo parar nas couves que ladeiam a pista, o que significa, portanto, derrota.

"Cuidar da cabra e da couve" consiste em não tomar partido entre dois adversários, por uma questão de interesse pessoal – e às vezes por sua conta e risco, a acreditar em Madame de Sévigné: "Ele gosta de cuidar da cabra e da couve. Cuidou mal da cabra e tampouco comerá as couves."

Daí a expressão "meio cabra, meio couve"...

São muitas as expressões inspiradas por nossas crucíferas... mas, como só se empresta aos ricos, atenção para os falsos amigos!

Com efeito, *faire chou blanc* é uma deformação de *faire coup blanc* [errar golpe (*coup*), falhar], expressão tomada de empréstimo ao jogo da bola. Quanto à expressão *"mon chou"* [minha couve], que significa "meu querido, minha querida", ela não teria nada a ver com o legume: segundo alguns, viria do verbo *choyer* [acariciar, estimar].

Resta a questão para a qual vocês esperam uma resposta:

Por que os meninos nascem de repolhos e as meninas, de rosas?

A ligação entre meninas e a rosa explica-se pelo fato de esta ser símbolo da beleza, além de estar associada ao culto de Maria.

E os repolhos? Em primeiro lugar, observemos que na terra do chucrute, a Alsácia, são as cegonhas que trazem os bebês... meninas e meninos.

Devemos ver nisso simplesmente um símbolo de fertilidade? Em determinadas regiões, serve-se sopa de couves aos recém-casados. Tão comum como as rosas nos jardins, a couve permite também que se dê uma explicação, senão plausível, pelo menos bastante lógica às perguntas que as crianças se fazem. É mais fácil ter por berço um repolho rechonchudo, protegido por camadas de folhas, do que um alho-poró longilíneo ou uma cenoura suja de terra.

Mas talvez se deva ver nisso também um vestígio da lenda grega ligada à origem do repolho. O repolho teria nascido das lágrimas de Licurgo, rei da Trácia, enlouquecido por Reia, a deusa da Terra. Confundindo seu filho com uma cepa de vinha, o rei dispõe-se a cortá-la com um podão. Seus súditos o dominam e o matam. E nos lugares onde caíram as lágrimas de Licurgo começam a nascer repolhos.

Haveria ainda muito a dizer sobre as couves e os repolhos, sobre suas virtudes dietéticas e medicinais – a couve era chamada de "médico dos pobres" –, e entre outras coisas lembrar o uso que se fazia de suas folhas: seu sumo era usado em Orne contra úlceras do estômago, e com a própria folha se faziam cataplasmas. Para Catão, o Velho, "ela cura a melancolia, dá um fim em tudo, cura tudo". Já o caule de determinadas couves servia, uma vez seco, para fabricar bengalas: uma delas ganhou fama, a de Charlot, feita do caule de uma couve da ilha de Jersey!

Registremos, porém, a preocupante diminuição das variedades: em 1890, a família Vilmorin-Andrieux fez o inventário dos legumes cultivados na França. A lista das couves, com uma esmerada descrição de sua origem, modo de cultivo e de reprodução, compreendia 1.012 variedades.

Hoje, a família Vilmorin só põe à venda algumas unidades de cada tipo de couve. Em 2007, as sementes Willemse ofereciam 33 variedades. Algumas das sementes desapareceram por completo, outras são conservadas em "herbário" no Museu de História Natural ou nas coleções do Institut National de Recherce Agronomique (INRA) [Instituto Nacional de Pesquisa Agronômica], fundado em 1945. Elas servem de reserva capaz de fornecer diferentes variedades que, combinadas entre si em laboratório, dão origem a híbridas, as F1, comercializadas com marca registrada. Na França, a venda das sementes é estritamente controlada. Mas nas hortas subsistem ainda variedades antigas que correm o risco de desaparecer pouco a pouco. Como é o caso da couve perene, a única a não florescer e a se reproduzir ano após ano. Nada proíbe a troca, e os conservatórios de espécies vegetais que praticam a permuta de mudas ou de sementes de plantas guardam todo ano dezenas de variedades locais.

Como se vê, a couve não cessa de nos alimentar, conforme mostra uma das últimas modas em matéria de regime para emagrecer: o regime da sopa de couves, que consiste em tomar três vezes ao dia, durante uma semana, sopa de couves... liofilizada! Como dizia Joseph Delteil: "A sopa de couves tem fama de ser um prato cerebral, favorável à elaboração mental. Ela é boa para raquíticos, jovens mães e coelhos" (*Les Cinq Sens*).

A verdureira (1567)
Pieter Aertsen

O lugar em que se encontra a bela verdureira, a diagonal ascendente, o amontoado colorido de frutas e de legumes, entre os quais pastinacas, cenouras brancas, violetas e alaranjadas, ilustram, nesta cena de mercado, a riqueza da economia holandesa e dos novos métodos de produção.

A pastinaca

Você já comeu pastinaca?

Você sabe que essa raiz tão esquecida foi, durante muito tempo, um dos legumes mais consumidos e, junto com a couve e o nabo, constituía a base da sopa?

Até o século XIX, a pastinaca era inseparável de sua comadre cenoura. Mas, assim é a vida, a dupla se separou, e a cenoura tomou a dianteira sobre a infeliz pastinaca. Pelo menos na França, porque na Grã-Bretanha, nos Estados Unidos e em Portugal a pastinaca continuou sendo um legume popular.

A pastinaca, como a cenoura, pertence à família das umbelíferas, atualmente chamadas de apiáceas (termo derivado do nome do legume titular dessa família, o aipo, *apium*, em latim). Família numerosa, pois compreende cerca de 1.600 espécies, entre as quais o funcho, o rábano, a salsinha, a mandioquinha-salsa, o coentro, a chicória, o cominho, a erva-doce, a angélica e outras tantas plantas aromáticas que perfumam nossa cozinha. Elas têm em comum sua origem europeia, principalmente do hemisfério norte, e o fato de gostarem de sombra e de lugares frescos. A pastinaca resiste até ao gelo, daí a difusão de algumas de suas variedades em regiões frias, como a Sibéria e o Cáucaso.

Em estado selvagem, a cenoura e a pastinaca têm aspectos bem diferentes.

Não obstante, a história multiplicou a confusão entre as duas plantas, tornando difícil sua identificação. As duas são muito antigas, sendo impossível datar seu aparecimento. Tempos atrás, com certeza eram coletadas, sendo depois domesticadas – mas quando? Não sabemos. Os gregos e os romanos as conheciam, mas é difícil distinguir claramente pelas citações dos autores antigos, visto que seu modo de reconhecimento das plantas não se baseava nos mesmos critérios que os nossos.

Várias palavras a nomeiam, inclusive *pastinaca*. Para Ateneu, um erudito do século II, trata-se de uma mesma planta; o médico e botânico Galeno, porém, identifica a cenoura separadamente, chamando-a de *Daucus pastinaca*.

Essa confusão entre cenoura e pastinaca se deve à similaridade na forma de sua raiz e em sua cor branca – ainda que na Síria já existissem cenouras vermelhas. Muitas vezes também se confundiu a pastinaca com uma outra planta, a chirívia, que a ela se assemelha apenas quanto às folhas. Originária da China ou do Japão, conhecida dos persas, depois dos gregos e dos romanos, a chirívia, segundo Plínio, o Velho, teria caído no agrado do imperador Tibério, que a descobrira na Germânia. Uma mesma palavra, em latim, às vezes designava a chirívia, a cenoura e a pastinaca: *siser* – daí as confusões e as diferentes interpretações dos botânicos. O gosto adocicado da raiz da chirívia explica sem dúvida o fato de que, em alemão, ela tenha o mesmo nome genérico da pastinaca: *Zuckerwurzel* (raiz doce). Seu nome científico, *Sium sisarum*, teria vindo do celta *siw*, que significa água.

Como se vê, as variações linguísticas impedem que se esclareçam as dúvidas. Mas esses mistérios não dão um certo charme a essas raízes banais?

No caso da pastinaca, limitemo-nos à *Pastinaca sativa*, que na nomenclatura de Lineu designa a pastinaca cultivada. Littré faz seu nome derivar de *panacem*, da palavra grega *panakeia*, que deu origem a "panaceia": remédio para todos os males. O dicionário *Le Robert* indica uma primeira ocorrência em 1080, sob a forma de *pastinum*, "pequena enxada", etimologia que alguns contestam! Outros autores afirmam que o termo derivou de *pastus*, alimento, sinal ao mesmo tempo de sua popularidade e de suas virtudes nutritivas. Com efeito, a pastinaca é muito energética, graças aos seus glucídeos, às fibras, ao potássio e à vitamina B.

Seus nomes em francês traduzem de forma poética essas confusões: *carotte d'hiver* [cenoura de inverno], *carotte sauvage* [cenoura silvestre], grande chirívia, *pastenade blanche* [pastinaca branca], *pastina*, ou o admirável *pastounadezen*...

Pode-se perceber que esses tateios históricos não impediram que a pastinaca fosse apreciada. Citada por Plínio, o Velho, por Columela e por Teodoro de Tarso, plantada nas hortas medievais (*Le Mesnagier de Paris* lhe dá um lugar de destaque no capítulo "Hortas e hortaliças"), ela é bastante difundida até o século XVI, como mostra o exemplo do senhor Gilles de Gouberville, que a manda semear em suas hortas de Cotentin. Ela é cultivada por Olivier de Serres em seus domínios de Pradel e por La Quintinie, que a distingue da cenoura em sua Horta Real.

Percebe-se também sua popularidade em determinados rituais.

Assim, o calendário revolucionário de Fabre d'Églantine, adotado em 1793, destina-lhe uma festa: ela é comemorada dois dias depois da festa da cenoura, no dia 9 vendemiário, primeiro mês do calendário que começava em 22 de setembro.

Para alguns, a pastinaca associa-se a duas práticas, por ocasião do Dia dos Mortos, em novembro, bem antes da introdução, bastante tardia, da abóbora, quando da adoção da festa pelos Estados Unidos, depois da emigração em massa causada pela fome de 1848-1849 na Irlanda.

Por um lado, pastinacas redondas e escavadas serviam de lampiões para festejar a luz nessa celebração céltica da morte e da ressurreição do fogo sagrado; por outro, associada à couve e às cebolas fritas, essa raiz entrava, com certeza bem antes do surgimento da batata na Europa, na composição do *calcanonn*, prato tradicional que se degustava naquele dia nas ilhas britânicas e na Irlanda. Nele se colocavam furtivamente

Purê de raízes

Reserve, de um lado, cenouras, nabos, pastinacas, cebolas. Em seguida, descasque-os, e rale-os num ralador de metal: ponha a massa resultante numa panela com água no fogo; depois de três ou quatro fervuras, passe por uma peneira de crina ou por um tecido branco bem fino. De outro, tome as mesmas raízes cortadas longitudinalmente em pedaços finos, toste-as na manteiga e coloque-as no líquido de que falamos acima, onde elas devem cozer. Pode-se acrescentar a esse caldo, para dar-lhe mais consistência e torná-lo mais substancial, uma colher de farinha de fava, de ervilha, de lentilha ou de feijão, ou ainda cozinhar arroz nele. Enfim, as raízes com que se fazem sopas devem sempre ser raladas antes; nesse estado, elas fornecem todos os seus princípios, e com menos raízes pode-se obter uma maior quantidade de matéria alimentar.

[Esta receita de sopa medieval foi recolhida por N. François em 1804.]

objetos simbólicos, como um anel ou um dedal, que funcionavam como oráculo. O *calcanonn* ainda é um prato irlandês típico, mas suas receitas atuais, à base de couve, batatas, alho-poró e cebolas, parecem excluir a pastinaca.

De todo modo, esses costumes traduzem o gosto dos anglo-saxões pela pastinaca ou *parsnip*, expresso de forma divertida por Samuel Beckett em seu romance *Primeiro amor*:

> Para mim, as pastinacas têm gosto de violeta. Gosto das pastinacas porque têm gosto de violeta, e das violetas porque têm o perfume das pastinacas. Se não existissem pastinacas sobre a terra, eu não gostaria das violetas; e se as violetas não existissem, as pastinacas me seriam tão indiferentes quanto os nabos ou os rabanetes.

Em compensação, manifesta-se ao longo dos séculos certa resistência à pastinaca. Pouco a pouco ela se limita a uma variedade principal, *demi-long de Guernesey*, ao contrário da cenoura, que ganha terreno.

Também aqui o coeficiente negativo está associado à alimentação dos camponeses, talvez até do gado e, pior, dos porcos. Ela é dada também às vacas, pois, segundo dizem, aumenta sua produção de leite e tem o mesmo efeito sobre as amas de leite!

Essa perda de crédito se reflete na língua sob a forma de injúrias, tais como "pastinaca podre", na Costa do Ouro, ou "*panesennec*", imbecil, em bretão, da qual encontramos uma variante na pena carregada de gírias do cancionista Aristide Bruant: "Tu és uma pastinaca congelada".

Essa conotação pejorativa acarretou uma derivação de sentido, provavelmente de origem popular, a menos que se trate de um emprego livre da palavra, como por Louis-Ferdinand Céline, que escreve a propósito da avó do narrador de *Mort à crédit* (*Morte a crédito*):

> Ela nos ajudou enquanto pôde com o que restava de seu dinheiro, do comércio de bugigangas. Só acendíamos a luz numa vitrine, a única que podíamos arrumar... Não era fácil trabalhar com bibelôs, trastes velhos, cacarecos, pastinaca... uma desgraça.

O mesmo Céline, que com certeza tem gosto pela pastinaca, torna a usá-la em seu romance, com uma conotação mais sexual:

> Eu a vejo na claridade branca do espelho!... de camisola de dormir... altiva e provocante!... Cabelos esvoaçantes. Eu fico lá, perturbado, de pastinaca em riste.

Acho que a imagem será entendida.

O prestígio de que gozam atualmente os legumes antigos é uma prova da evolução do gosto. A pastinaca está de volta – senão a nossas mesas, pelo menos às mesas dos grandes cozinheiros, aos mercados e supermercados. É um legume delicioso, desde que comprada tenra e fresca. Na Inglaterra e na Irlanda, é saboreada também na sobremesa, cozida em mel. Os irlandeses, aos quais nada do que se refere à cerveja é estranho, extraem da pastinaca uma bebida fermentada que, sem rivalizar com a Guinness, não deixa de evocar seu sabor ligeiramente adocicado. Torrando-se a raiz, obtém-se também um sucedâneo de café. Como se vê, da mesma forma que o tupinambor, a pastinaca tem recursos insuspeitados... mas que por enquanto parecem não ter seduzido o público francês.

A cenoura

Como ficou claro, até o século XVI era difícil diferenciar a cenoura da pastinaca. Os textos antigos não permitem desfazer a confusão: a cenoura a que se refere o cozinheiro romano Apício sob o nome de *carota*, derivado do grego, é ainda uma raiz lenhosa e esbranquiçada, que ele propõe que se coma frita ou em salada. Ela aparece também em molhos nos afrescos de Herculano. Esbranquiçada? Mas então... quando as cenouras ficaram... cor de cenoura?

Esse é o tema de uma verdadeira história de marchas e contramarchas, cujos detalhes variam conforme as fontes.

Na década de 1930, a equipe do biólogo russo Vavilov, no âmbito de um vasto programa de melhoramento das plantas cultivadas no Departamento de Agricultura soviético, descobre espécies de cenouras nativas, cultivadas e híbridas, no Afeganistão e na Caxemira. Sua aparência difere das cenouras silvestres de nossos climas: suas raízes são polpudas, pouco ramificadas e, principalmente, sua cor vai do púrpura e do rosa ao amarelo alaranjado, variações devidas a pigmentos antociânicos (vermelhos) e/ou flavos (amarelos). Outras pesquisas na Anatólia tiveram resultados do mesmo tipo, mas menos acentuados, que se deveriam a uma primeira migração dessas populações para o oeste, antes ou depois da domesticação.

O autor hortícola do século XII, Ibn al-Awwâm, conta em seu *Livro da agricultura* que, segundo uma compilação feita na Síria no século IV, *A agricultura nábata*, os agricultores estabelecidos na Palestina no século VI a.C. conheciam "um tipo vermelho e um tipo amarelo, sendo que o vermelho era mais fino, mais suculento e mais saboroso do que o amarelo". Eles preparavam pratos que se comiam com vinagre, salmoura, alguns legumes ou grãos. Outras populações usavam a cenoura para fazer pão, misturando-a com farinha de trigo, de arroz ou de milhete.

Teriam aqueles comerciantes nômades trazido essas variedades de cenoura do Oriente? Os romanos as conheciam? Neste caso, por que nunca fizeram alusão a elas? Talvez eles já tivessem dado preferência à domesticação das variedades brancas.

Quanto à migração dessas variedades para o leste do Afeganistão, ela se deu muito mais tarde, do Irã para a China no século XIII, depois para o Japão no século XVII. Só posteriormente elas cruzariam com os tipos ocidentais.

Ora, o mesmo Ibn al-Awwâm assinala a existência de cenouras vermelhas na Espanha, confirmada pelas variações linguísticas judaico-espanholas, maiorquinas, portuguesas e magrebinas ainda atuais.

Daí a formular a hipótese de um transporte das cenouras afegãs, do século X ao século XIII, do Oriente para a Espanha, passando pela África Setentrional, é um passo. O fato de todas as outras formas linguísticas serem diferentes nos leva a imaginar dois outros trajetos: um pelo centro e oeste da Europa, o outro pelos países de língua eslava e pela Romênia. Em fins do século XIII, Pietro de Crescenti menciona uma raiz vendida em molhos na Itália, com que se faz um belo purê vermelho: a cenoura (mas... segundo alguns espíritos céticos, podia ser beterraba!).

Por essa época, há registros do mesmo tipo de cenoura na Alemanha, nos Países Baixos e, um pouco mais tarde, no Reino Unido. Os botânicos da Renascença descrevem-nas apontando as mesmas características referidas pelos cientistas russos no Afeganistão. De sua parte, Olivier de Serres, insistindo na confusão dos nomes, observa que "as pastinacas e cenouras praticamente só diferem umas das outras pela cor: uma é vermelha; a outra, branca". Nicolas de Bonnefons, em seu *Le Jardinier français* (O hortelão francês), comenta apenas que "há cenouras brancas, amarelas e vermelhas; as amarelas são as mais delicadas e boas para cozinhar na panela e servir em pratos intermediários".

Somente La Quintinie, jardineiro e hortelão de Versailles, descreve a cenoura como "uma espécie de raiz, algumas brancas, outras amarelas". Ele a distingue muito bem da pastinaca, mas nada diz das vermelhas, o que nos leva a pensar que na mesa real prefere-se a cenoura amarela ou a branca à vermelha, que "suja o caldo".

Vamos recapitular. No século XVII, encontram-se cenouras brancas, vermelhas e amarelas, sendo que as vermelhas são menos frequentes na França do que no resto da Europa.

Em parte, é graças à pintura flamenga que podemos acompanhar o aparecimento das cenouras cor de laranja tais como as conhecemos. Desde o século XVI, as naturezas-mortas – aliás, transbordantes de vida – de Pieter Aertsen e de Joachim Beucklaer mostram, em meio a rumas de couves e de nabos, diferentes tipos de cenouras. Cenouras da Antuérpia no quadro *Jesus na casa de Marta e de Maria* ou cenouras de um amarelo alaranjado no primeiro plano da banca da *Vendedora de frutas, legumes e aves*, de Beucklaer; mas o quadro de Witteval (1618), *Mulher vendendo legumes no mercado de Utrecht*, foi o primeiro a atestar, sob a forma de algumas raízes finas e alaranjadas, a presença dessas novas cenouras cor de laranja. Outros pintores da mesma época, Van Rijck, Dou ou Battem, representam as duas formas de cenouras: umas finas e compridas, outras curtas e mais polpudas.

Assim, a pintura flamenga tem um papel fundamental de documentação, e os pintores se revelam testemunhas de sua época. Celebrando a abundância e o papel importante da Holanda na produção hortense, alguns quadros funcionam como verdadeiros anúncios publicitários!

Os autores hortícolas se mostram claramente atrasados em relação aos pintores: só em 1721 aparece a primeira referência a essas cenouras cor de laranja de origem holandesa. Ao longo de todo o século XVIII, sucedem-se os processos de seleção através da Europa, sendo que elas são introduzidas na França por volta de 1770, graças ao padre de Ardenas.

Não se conhece o processo bioquímico que permitiu se passar dos tipos flavos ao tipo carotenoide (laranja). Com certeza houve uma seleção paciente a partir de populações amarelas, visto que as tentativas com cenouras silvestres sempre fracassaram. É no curso do século XIX que se dá uma ampla diferenciação. Os tipos brancos, vermelhos e amarelos vão se eclipsar, sem desaparecer por completo. Em 1925, contam-se quarenta variedades antes da hibridação. Em 1999, 93% das variedades se obtêm por hibridação. Hoje a cenoura é um dos legumes mais cultivados do mundo, principalmente no Japão e na África. Esse interesse se deve a seu forte teor de fibras, açúcares e provitamina A, à qual ela deu seu nome: caroteno.[16] Diz-se que a cenoura reforça as defesas do organismo. Ela é antioxidante, excelente para a pele e para a vista.

Embora a palavra *carotte* [cenoura] só entre no dicionário no século XVI, ela logo aparece em grande número de expressões ou de metáforas, nascidas de uma analogia de forma, de cor ou de sentido.

Em 1723 começa-se a usar a "cenoura" de tabaco para mascar, rolo de folhas cônico representado nas tabuletas das

---

16. Em francês, cenoura é *carotte*.

tabacarias. Por extensão, essa cenoura designa a amostra de solo cilíndrica extraída por perfuração para fazer sondagens.

A forma da cenoura, assim como a da pastinaca, logo passa sugerir uma conotação erótica, como, por exemplo, "Eu meto minha pastinaca em sua tigela", dito chistoso do século XVI, que dispensa comentários! Na mesma ordem de ideias, costumes populares percorrem toda a gama de alusões sexuais: em Saintonge, leva-se para a noiva uma cenoura grande com dois ovos de gansa; em Aisne, "no dia 1º de maio, finca-se na frente da casa das jovens licenciosas um pau guarnecido de uma cenoura e duas batatas". Múltiplas alusões a masturbação completam esse quadro, o que indica que a moda dos *sex toys* vem de longa data.

Alguns também veem na expressão "as cenouras estão cozidas"[17] uma extensão, se me permito dizer, do sentido erótico: quando o pênis é mole como uma cenoura cozida, está tudo acabado (ou ralado[18], para continuar com a metáfora da cenoura). Segundo outras fontes mais prosaicas, como a cenoura é o legume de cozimento mais demorado do cozido, a expressão significa "não há mais apelação".

A cor laranja da cenoura ilustra principalmente o opróbrio de que os ruivos são vítimas. O exemplo mais famoso é, claro, o *Poil de carotte* ("Cabelo de cenoura", 1894), de Jules Renard. As primeiras palavras do romance anunciam a cor:

---

17. A expressão significa "Não há mais nada a fazer".
18. Ralado (*râpé*) também significa arruinado, perdido.

"Cabelo de Cenoura, vá prender as galinhas!"
Ela dá esse nomezinho carinhoso ao seu caçula, porque seus cabelos são ruivos; e a pele, sardenta.

A ironia do autor é pesada, pois sabemos que cabelos ruivos têm até um significado maléfico. Assim, recomenda-se suco de cenoura para as gestantes, "mas, se a criança nascer ruiva, mais tarde terá maus instintos". Quanto às mulheres ruivas, elas sempre foram suspeitas de bruxaria, pois vermelho é a cor do diabo. Os cabelos cor de cenoura constituíam, pois, uma verdadeira maldição.

Se a cenoura representa uma recompensa para o asno (por oposição à vara), se comer cenouras garante coxas róseas ou bom caráter, pode-se constatar que a grande maioria das expressões tem um sentido pejorativo.

Elas são comidas durante a Quaresma e, depois, na Sexta-Feira Santa, pois sua cor vermelha evoca o sangue de Cristo, segundo a "teoria das assinaturas", herdada da Antiguidade. Pela mesma razão, ela é prescrita às mulheres para apressar a menstruação.

Assim como as outras raízes (lembremo-nos da "grande cadeia do Ser" medieval), a cenoura é um legume dos pobres até o Renascimento. Assim, "viver só de cenouras" significa viver pobremente, avaramente, e "cagar cenouras", segundo o dicionário de Furetière (1690), é estar constipado (efeito bem conhecido das mães que lutam contra a diarreia da criança de peito), expressão próxima de "cagar bolinhas", que quer dizer viver na miséria.

Essas referências à linguagem do corpo, quer se trate de digestão ou de sexualidade, são manifestas, mas, naturalmente, reservadas à linguagem popular.

Por deslocamento de sentido, "viver de cenouras" refere-se àquele que engana os outros. Uma série de expressões se aplica à noção de embuste. Assim, "puxar uma cenoura" significa algo como extorquir confissões usando de astúcia, pedir dinheiro sob falso pretexto, surripiar ou apostar baixo e correr poucos riscos (*Dictionnaire de l'Académie*, 1740), e "cenourar o serviço" é fazer corpo mole (1867). Como a passagem do substantivo ao verbo insiste na ideia de escroqueria, "cenourar" termina por significar roubar, e um "*carotteur*" ou "*carottier*" [algo como cenoureiro] é simplesmente um escroque.

Várias hipóteses procuram explicar esse sentido pejorativo:

Relação da cenoura com o tabaco, de há muito objeto de contrabando?

Relação com o imposto que o governador da Saboia cobrava para cada molho de cenouras, e que podia ser pago com duas cenouras, como sugere Littré? Façam suas apostas. Encerremos com os famosos *boeufs-carottes* [guisados de carne com cenoura], a Inspetoria Geral da Polícia, encarregada de desmascarar os "cenoureiros" em suas fileiras e cozinhar os suspeitos em fogo lento...

Eis o que servirá de transição para o terreno da gastronomia.

Com efeito, a cenoura ilustra duas correntes da cozinha francesa. Por um lado, as cenouras raladas encarnam a tendência dietética da cozinha das décadas de 1980-1990, que privilegiou a saúde, o cru ou o pouco cozido, em detrimento do cozido a fogo lento ou muito cozido. Por outro, o *boeuf-carotte* [guisado de carne com cenouras], o *daube* [guisado com carne, vinho, legumes e ervas da Provença] e outra variação de guisado com carne e cenouras são símbolos da cozinha burguesa, rural, provinciana e nutritiva herdada do século XIX.

Assim, Marcel Proust não hesita em fazer do guisado de carne com cenouras o modelo e mesmo o símbolo da obra de arte em seu *Em busca do tempo perdido*, e ele o exprime com uma graça incomparável na carta a Céline Cottin, sua cozinheira. Para saborear quente. Ou fria.

12 de julho de 1909

Céline,

Meus entusiásticos cumprimentos e agradecimentos pelo maravilhoso guisado de carne com cenouras. Eu espero ter o mesmo sucesso que você teve no que vou fazer esta noite, que meu estilo seja tão brilhante, claro e consistente como sua geleia – que minhas ideias sejam tão saborosas quanto suas cenouras e tão nutritivas e frescas como sua carne. Esperando terminar a minha obra, eu a felicito pela sua.

M. P.

Os comedores de ervilhas (c. 1620)
Georges de La Tour

Esta representação realista da miséria diferencia esse quadro das famosas composições à luz de velas. A iluminação lateral imobiliza os dois pobres, boca desdentada, fronte anuviada, emparedados em sua solidão, comendo em silêncio sua ração, antes de seguirem viagem.

A ervilha

"Era uma vez um príncipe que queria se casar com uma princesa, mas uma princesa de verdade" – assim começa o conto de Andersen *A princesa e a ervilha*.

Ele corre o mundo para encontrar a princesa, mas em vão... Uma noite em que fazia um tempo horrível, batem à porta do castelo. É uma jovem, molhada como uma fatia de pão ensopada. Não obstante, a moça afirma ser uma princesa de verdade. "É o que vamos ver", resmunga a rainha-mãe, desconfiada. Ela, então, entra no quarto de hóspedes, tira toda a roupa de cama e coloca uma ervilha sobre a cama. Depois empilha vinte colchões e coloca por cima vinte acolchoados.

Na manhã do dia seguinte, perguntam à princesa como ela dormiu.

– Ah! Passei uma noite horrível. Mal consegui fechar os olhos! Havia uma coisa dura na cama que fez minha pele ficar toda arroxeada! Que tortura!

O príncipe – acrescenta o narrador –, convencido de que se tratava de uma princesa, desposou-a, e a ervilha foi colocada num museu, onde deve estar ainda hoje, a menos que um curioso a tenha roubado.

Eis aí – conclui o narrador com humor – uma história tão verdadeira quanto a princesa!

A ervilha remonta a uma época muito antiga. Os primeiros vestígios datam do paleolítico, entre 7000 e 6000 a.C., no Oriente Médio. Sua existência em estado selvagem se perde na noite dos tempos: os grãos oriundos do período 6000-5000 a.C. já eram cultivados, o que faz da ervilha um dos cultivares mais antigos da história da humanidade, da mesma forma que outras leguminosas, lentilhas ou grãos-de-bico, e também o trigo e a cevada. Em seguida, é encontrada no Egito – é, portanto, originária do Crescente Fértil –, tendo depois migrado para a Europa, Egito e Ásia.

Os autores gregos e latinos Teofrasto, Plínio, o Velho e Columela a citam. O termo grego *pisos* deu origem ao latino *pisum*, do qual derivou o francês *pois*. A nomenclatura científica recupera esse termo, acrescido de *sativum*, que significa cultivado (*Pisum sativum*).

Na Idade Média, a ervilha constitui a base da alimentação, junto com os cereais e as favas. Muitas vezes é comida seca, o que permite conservá-la, e assim constitui um precioso recurso em época de fome. Ela é consumida em sopas e principalmente em forma de purê com toucinho.

Quem tem ervilhas e pão de cevada,
Toucinho e vinho para uma golada
E cinco tostões e não deve a ninguém
Pode dizer que está muito bem.

A ervilha é vendida nas ruas sob a forma de purê quente e constitui também a "ração" que se distribui aos pobres na porta dos conventos – forma medieval dos Restos du Coeur[19] (Restaurantes do Coração)! Já existem diferentes variedades, ervilhas verdes consumidas secas ou frescas, mas também vagens de ervilhas, como revela este "Cri de Paris" referido por Guillaume de Villeneuve no século XIII: "Eu tenho vagens de ervilha bem frescas!". Ou esta receita de ervilhas com toucinho dada por Platina:

> Ferva as ervilhas com casca e sementes apenas uma vez; depois, tire-as da água. Frite belas fatias e pedaços de toucinho nem muito gordos nem muito magros. Em seguida, junte as ervilhas e frite-as. Finalmente, coloque um pouco de agraço com mosto de vinho cozido ou açúcar. Pode-se preparar faséolo [feijão] da mesma maneira.

Ela é mencionada em todas as crônicas, está presente nas fábulas e em histórias como *Cinderela*, em que a infeliz mocinha tem de catar ervilhas jogadas nas cinzas por sua malvada madrasta.

---

19. Organização beneficente francesa que distribui cestas básicas e pratos quentes aos pobres.

O mesmo se passa na Inglaterra e na Holanda, país que produz as variedades mais apreciadas. Cristóvão Colombo as levará consigo e fará que sejam semeadas em São Domingos.

Será por acaso que, no século XVI, o pintor Arcimboldo a escolhe para fazer o sorriso de *O verão*? Sorriso cheio de dentes que dá um ar um pouco cruel ao personagem representado.

Tratemos, porém, de uma ambiguidade: o *petit pois* só é mencionado pela primeira vez no século XVII na *Histoire générale des plantes* (História geral das plantas), de Jacques Dalechamps, um médico lionês. Mas ele não tem nenhuma realidade botânica e não figura nos atuais catálogos de grãos. A expressão *petit pois*, própria da França, é usada pelos cozinheiros e consumidores parisienses a partir da segunda metade do século XVII, a se acreditar no artigo "Ervilhas verdes, pequenas ervilhas", de Diderot, na *Enciclopédia*, e só haveria de se popularizar no resto da França em fins do século XVIII.

A carreira de estrela da ervilha começa de verdade em 18 de janeiro de 1660. Nesse dia, o senhor Audiger, despenseiro da casa da condessa de Soissons (e autor, trinta anos depois, de *La Maison réglée* [A casa bem administrada]), procurando obter o monopólio dos licores finos que aprendeu a fabricar na Itália, presenteia o rei com uma caixa com ervas, botões de rosa... e vagens de ervilha. Deslumbramento: um 18 de janeiro! Como bom cortesão, o conde de Soissons – nome predestinado – debulha-as para o rei.

Uma verdadeira loucura toma conta da corte, de que a senhora de Maintenon se faz porta-voz: "A história das ervilhas continua, a impaciência de comê-las, o prazer de tê-las comido e a alegria de comer mais são os três pontos de que nossos príncipes se ocupam há quatro dias" e "Há damas que, depois de terem ceado, e bem ceado, com o rei, desencavam ervilhas em suas casas para comer antes de se deitarem, correndo o risco de uma indigestão. É uma moda, é um furor". Degustam-nas salgadas ou doces, entre as refeições.

Os médicos não tardam em se preocupar com os possíveis efeitos dessas deliciosas ervilhas sobre os intestinos reais.

Essa história ilustra muito bem "a distinção pelo gosto" desenvolvida por Jean-Louis Flandrin. O que fascina e lisonjeia a corte é menos o produto em si do que sua precocidade; portanto, sua raridade. Comer ervilhas em janeiro – eis o que permite distinguir-se dos burgueses. Esse entusiasmo seria motivo de zombarias nas peças e fábulas. A historiadora da alimentação Dominique Michel destaca o gosto especial das mulheres pelas ervilhas a partir dessa época, sem que se possa explicá-lo. Torna-se praxe incluir em determinados cardápios dois pratos de ervilhas. Chega-se a criar uma receita de aspargos em forma de ervilhas, que faz sua aparição em *L'Art de bien traiter* (L. S. R., 1674). O cozinheiro Antonin Carême a oferecerá a Talleyrand, e ela será retomada por Gouffé (1807-77), depois por Alexandre Dumas em seu *Grande dicionário de culinária*. Esses "aspargos em forma de ervilhas" têm a particularidade de não levar nenhuma ervilha – e sim aspargos cortados em pequenos pedaços antes de serem cozidos em água salgada, depois sauteadas na manteiga com ervas finas, ou, nas receitas posteriores, um molho bechamel.

ALEXANDRE DUMAS

Aspargos em forma de ervilhas

Use os menores e corte em pedacinhos tudo o que é tenro. Coza-os em água e sal até ficarem crocantes, seque-os imediatamente num escorredor, coza-os a fogo vivo numa panela com manteiga, sal, pimenta e ervas finas, ou então os coloque numa panela e os polvilhe com um pouco de farinha e um pouco de açúcar, acrescente um pouco de caldo ou de água, deixe que cozinhe um pouco e sirva.

À precocidade se somará outro critério distintivo: a maciez, que doravante orientará uma parte das pesquisas sobre a ervilha. Para Grimod de La Reynière, a ervilha é "o mais macio, o melhor e o mais delicado dos legumes", "o príncipe dos pratos intermediários". Ao que parece, Flaubert era louco por pato com ervilhas. De sua parte, Émile Zola faz delas o ponto alto da festa de Gervaise em *A taberna*:

– Agora, cabe um legume?
– Hein? Ervilhas com toucinho! – disse Virginie. – De minha parte eu só comeria isso.
– Sim, sim, ervilhas com toucinho! – aprovaram todos os outros, enquanto Augustine, entusiasmada, aplicava grandes golpes de atiçador no fogão.

Ervilhas frescas se tornam um prato indispensável da cozinha burguesa francesa. Aliás, havia na rua des Halles um mercado exclusivo de ervilhas.

Só no século XIX a "apertização" (método inventado por Nicolas Appert para conservar os alimentos) ameniza um pouco essa paixão pelas ervilhas frescas, revolucionando o consumo dos legumes. O principal critério passa a ser a fineza, que orienta a seleção. A produção se intensifica, principalmente no oeste da região parisiense, para os lados de Marly ou das colinas do Sena, como mostram os quadros de Camille Pissaro dedicados às plantações de ervilhas. Hoje as ervilhas são, em geral, consumidas em conserva ou congeladas: em 2001, de cada 2,2 quilos de ervilhas consumidas *per capita* na França, apenas 250 gramas eram frescas. Atualmente, a Itália é o maior produtor e consumidor de ervilhas, as *piselli*.

Diferentes variedades de ervilhas são cultivadas nos dias de hoje: ervilhas-forrageiras, ervilhas-hortenses, ervilhas em vagem, ervilhas de quebrar, ervilhas para conserva, ervilhas proteaginosas. Existem milhares de variedades no mundo, resultado de paciente trabalho de seleção. Mas todas têm as características da família das leguminosas ou fabáceas: flores parecidas com borboletas, fruto em vagens, e capacidade de fixar o nitrogênio atmosférico.

A ervilha é uma planta anual, autógama, cujas características, a depender das variedades, são opostas: flores brancas ou violetas, axiais ou terminais, caules compridos ou curtos, grãos lisos ou rugosos, de cor amarela ou verde, etc.

Esse sistema relativamente simples permitiu revolucionar nosso conhecimento das leis de hereditariedade.

Gregor Johann Mendel (1822-1884) nasceu na Silésia em uma família de camponeses pobres. Ordenado padre em 1848, ele se dedica ao ensino e se apaixona pelas ciências: física, botânica, zoologia e paleontologia – em seguida, a apicultura e a meteorologia irão ocupar seus lazeres de estudioso. Seus trabalhos sobre hibridação duram oito anos. Eleito superior de seu convento em 1870, abandona então as pesquisas e se dedica à sua comunidade.

Para suas pesquisas sobre hereditariedade, Gregor Mendel escolhe as ervilhas por causa de suas características nítidas, da autofecundação e da facilidade de hibridação. Ele foi o primeiro a ver a chave do problema naquilo que se considerava um obstáculo à hibridação: as formas heterogêneas que se obtêm já na segunda geração de híbridos. Ele descobre que todo caráter da primeira geração pode encerrar uma heterogeneidade e que caracteres distintos, como a cor e a forma, se transmitem separadamente e de acordo com regras precisas.

Não se sabe se Gregor Mendel pretendia estender seu esquema à hibridação animal. Em termos imediatos, a influência de seus trabalhos foi nula. Nenhum de seus colegas pareceu entender o interesse e muito menos sua importância: a época era marcada pelo evolucionismo e pela repercussão de *A origem das espécies*, de Darwin. O esquema fixista das leis mendelianas de hereditariedade parecia ir contra a corrente, visto que não fizera a distinção entre o caráter em si e aquilo que permite sua reprodução (o gene). Só em 1900 os trabalhos desenvolvidos por outros cientistas resgataram "as leis de Mendel", que atualmente constituem os fundamentos da ciência da hereditariedade e da genética. "A coisa merecia ser estudada a fundo/ Ainda mais que ela dá vertigens", como observa o poeta Alexandre Vialatte.

Da pré-história ao genoma, a ervilha é contemporânea da história humana: alimento, objeto de deslumbramento, heroína de contos ou de narrativas para crianças inteligentes, palavrinha amorosa (*My Sweet Pea*, como a canta Alain Souchon). Nós a despimos de sua casca sonhando na solidão de uma cozinha ou tagarelando em família. Para Marcel Proust, as ervilhas "estão enfileiradas e numeradas, como bolas de bilhar verdes num jogo". Para Philippe Delerm, "a debulha das ervilhas não é concebida para explicar, mas para seguir o curso, em leve contratempo..." (*La Première Gorgée de bière* [O primeiro gole de cerveja]).

Eu queria recuar um pouco no tempo e lhes contar uma última história:

Era uma vez um avô normando que cultivava uma ervilha de flor azul. Todo verão, no fim de julho, ele colhia os grãos secos para a semeadura do ano seguinte. Um dia sua neta o escutou queixar-se de que bichinhos tinham acabado com a reserva de sementes de ervilha de flor azul.

Na segunda-feira de manhã, ele anunciou que ia procurar sementes iguais na loja de seu fornecedor no mercado de Saint-Pierre-sur-Dives. Ao meio-dia, voltou de mãos vazias: o fornecedor não produzia mais a variedade de ervilhas azuis...

Durante anos a neta viu o avô procurar, em vão, sua ervilha azul.

Mais tarde, depois da morte dele, desejou compreender as razões do desaparecimento da ervilha azul. Ela viu então que a variedade fora retirada do catálogo nacional de sementes comercializadas. E resolveu enfrentar esse desafio: encontrar a ervilha azul.

Encontrou-a na Bélgica, onde ainda é cultivada...

Essa menina cresceu e dedica sua vida a salvar as variedades antigas que desapareceram dos nossos catálogos, e às vezes de nossa memória.

O tomate

Que carreira! Dois séculos para se impor na Europa – e um dos legumes mais consumidos atualmente no mundo, logo depois da batata. A trajetória do tomate é uma das mais apaixonantes, das mais férteis em marchas e contramarchas, e estamos certos de que não terminou...

A princípio, o tomate vicejava em estado selvagem nos Andes, no Peru e no Chile, sob a forma de cachinhos bem parecidos com os de nosso tomate cereja. Os conquistadores o descobriram no México, onde era cultivado pelos astecas, mas não se pode determinar a época de sua primeira domesticação.

Nem por isso se deve pensar que os conquistadores espanhóis se lançaram sobre esses frutinhos curiosos para degustá-los em *tapas* como aperitivo! Heroicos, exaltados, às vezes sanguinários, de todo modo corajosos, esses aventureiros correram todos os riscos, *exceto* os riscos alimentares: a historiadora Madeleine Ferrières, a propósito deles, chega a falar de neofobia. Mas devemos compreendê-los: para eles, era uma questão de sobrevivência. Tantas espécies desconhecidas, talvez tóxicas ou que eles não sabiam preparar, como a mandioca, que causou muitos estragos porque os espanhóis não se deram ao trabalho de descascá-la! E aqueles indígenas de dar medo, às vezes antropófagos – como os soldados de Cristo poderiam imaginar-se ingerindo a mesma comida que eles, ainda que a polêmica de Valladolid terminasse por reconhecer-lhes o *status* de irmãos perante Deus?

Toda a cultura da época confirma essa desconfiança em relação a um alimento não habitual. Os regimes preconizam a constância: todo alimento novo pode ser perigoso. Cada planta em particular tem seu valor alimentício e terapêutico, cuidadosamente estabelecido desde a Antiguidade, com a cozinha completando o que a botânica ensina.

O médico lionês Jean Bruyérin-Champier, que escreveu em 1560 uma história da alimentação, *De re cibaria*, afirma que:

> Não se deve estranhar que todos os dias se manifestem novas doenças, desconhecidas no século passado, que se propagam de uma terra a outras; afinal, adotamos um novo modo de vida que importamos de um outro mundo. Se vamos buscar alimentos nas Índias, não é de se esperar que eles nos contaminem?

Isso não significa que os conquistadores não se mostrem curiosos e preocupados em apresentar amostras dos produtos indígenas aos soberanos que os subvencionam, e as expedições também dão ensejo a que se levem produtos exóticos, plantas desconhecidas, animais fabulosos, selvagens emplumados... Botânicos se encarregarão de descrever as espécies novas, de classificá-las comparando-as com plantas conhecidas, de nomeá-las, enfim.

Assim, os conquistadores levam o tomate para a Espanha, mas não o seu uso, e durante algumas décadas ele inspira desconfiança. Da Espanha ele passa a Nápoles, que pertence à coroa espanhola, depois segue Itália acima antes de chegar à Provença, itinerário habitual que já observamos, por exemplo, no caso da alcachofra. Mas essa viagem levará cerca de dois séculos: o tomate não se desloca rápido e, além disso, não constitui uma unanimidade! Durante muito tempo ele será produzido como uma simples curiosidade.

De onde vem essa desconfiança? Da família de que a planta faz parte. O tomate pertence à família das solanáceas, como a petúnia, o tabaco e a batata (que sofrerá o mesmo ostracismo). Uma família pouco frequentável, em que há plantas tóxicas, como a beladona, o estramônio, o meimendro ou a doce-amarga. São outros tantos os motivos para se olhar com prudência esse tomate vindo do Novo Mundo. A grande obsessão da época é o envenenamento...

E há coisa pior: delito de fácies. Ele se parece com sua parenta, a mandrágora. Péssima reputação, a da mandrágora. Magia negra. Tem cheiro de morte e de enxofre. Bagas de um amarelo alaranjado que se desprendem ao amadurecer e tchan!

Quando amadurece por completo, a planta desapareceu. Você acha que isso é normal? Chamam a mandrágora de *mala terrestria*, maçã terrestre. Dizem à boca pequena que ela nasce do esperma dos enforcados, debaixo dos patíbulos. Um bebê monstruoso cujas raízes lembram as pernas, a bacia e às vezes o sexo de um ser humano. A mandrágora é a planta das feiticeiras. Estudos recentes sobre as propriedades alucinógenas da beladona confirmam: "A mandrágora é a planta preferida das feiticeiras por suas propriedades psicodélicas, é a *rave*[20] das sessões sabáticas", lembra com graça Madeleine Ferrières.

O agrônomo Olivier de Serres desaconselha o consumo do tomate e se contenta em fazer os tomateiros treparem no caramanchão de seu jardim. O mesmo acontece com La Quintinie: o tomate não figura na lista dos legumes e frutas plantados na Horta Real, ao contrário da abóbora e do tupinambor. O pintor Arcimboldo não o representa em seus retratos, como o faz com o pimentão e o milho. Apenas algumas pinturas espanholas mais tardias, como a *Natureza morta com pepinos e tomates*, de Luis Eugenio Meléndez (1772), prestam-lhe homenagem, provando que ele ainda não se encontra com facilidade nos mercados e cozinhas.

Os nomes que recebeu testemunham as peripécias do tomate.

Tudo parte de *xi-tomatl*, termo genérico em náuatle, a língua asteca, para designar os frutos ou as bagas comestíveis,

---

20. Festa de música eletrônica. Em francês, a palavra também significa "rábano".

ao qual se acresce o prefixo *xi*, que esclarece a preparação culinária. A palavra *tomatl* empregada sozinha designa as fisálides, bagas verdes ácidas que se parecem com tomates cereja não maduros.

O *xi-tomatl* foi batizado de *tomato* ao se estabelecer na Espanha. Em sua passagem pela Itália, o botânico italiano Matthioli rebatiza-o de maçã do Peru, depois *malum aureum* ou maçã de ouro (a princípio, *malum* designa todas as frutas mais ou menos redondas, como maçã, laranja, cidra – daí a confusão a propósito da famosa "maçã" oferecida a Adão por Eva, dado que a palavra hebraica significava simplesmente "fruto").

Essa "maçã de ouro" nos indica que o tomate é então um fruto de um belo amarelo dourado. *Malum aureum* dará origem a *pommo d'oro*, de onde vem o *pomodoro* italiano.

Ao passar pela Occitânia, a maçã de ouro se transforma em maçã do amor (*poumo d'amor*), seja porque lhe atribuem virtudes afrodisíacas – mas que legume exótico novo não goza da mesma fama? –, seja porque se beneficia de reminiscências mitológicas, tais como as famosas maçãs de ouro do Jardim das Hespérides (identificadas quase sempre como laranjas), oferecidas como presente de núpcias por Gaia, deusa da Terra, a Hera. Esse nome poético permanece no alemão (*Liebesapfel*) e em inglês (*love apples*).

Utilizados principalmente como planta ornamental ou para afastar os mosquitos, os tomates fazem uma tímida aparição culinária na Itália. São apresentados por Matthioli como "frutos achatados e com nervuras longitudinais salientes, que de verdes se tornam amarelo-ouro, e que algumas pessoas consomem fritos no azeite com sal e pimenta, como as berinjelas e os cogumelos". Em princípios do século XVII, alguns temerários comem tomate em saladas temperadas com agraço. Mas só no curso desse século, sob a influência ibérica, ele chega à cozinha italiana, que vai lhe dar cartas de nobreza: comem-se tomates à espanhola, antes de se usá-los na preparação de molhos que acompanharão a carne, depois as massas. Ela só aparece nas receitas napolitanas por volta de 1692.

A romancista inglesa Lily Prior, em um livro saboroso, *La Cucina*, nos dá uma receita tradicional de *strattu*, o molho de tomate siciliano.

> Depois de peneirar impecavelmente os tomates, acrescentamos sal e folhas de manjericão, depois derramamos a polpa numa mesa exposta ao sol no quintal da casa.
> É preciso esperar dois dias, sem esquecer de mexer com frequência, para que o calor do sol evapore a água dos tomates e que reste apenas a massa cheirosa, de um vermelho muito escuro, que dá seu gosto único aos nossos molhos de acompanhamento das massas.

O naturalista Lineu o batiza e inclui em sua nomenclatura em 1750: o tomate se torna *Solanum lycopersicum* ou pêssego do lobo. O sentido inquietante de seu nome latino é contrabalançado pelo adjetivo que ratifica seu caráter "comestível": *esculentum*.

Isso não impede que no século XVIII ele ainda continue quase desconhecido no Norte da Europa. Legume delicado, seu transporte é problemático. Mas ele simboliza sobretudo a cozinha do Sul, ainda que as receitas que o consagram, guisado ou pizza, só surjam em fins do século XIX.

Foi a Revolução Francesa que o levou a Paris e, segundo a lenda, em 1793 os federados marselheses, privados de seu legume fetiche, o exigiram em altos brados. Legume vermelho, o tomate? Ao que parece, foram principalmente os *restaurateurs* marselheses, em especial os do restaurante Les Trois Frères Provençaux, na rua Sainte-Anne, e do Le Boeuf à la Mode, também considerado um *restaurateur* marselhês, que lançaram sua moda.

Grimod de La Reynière, em seu *L'Almanach des gourmands*, associa o tomate ao mês de dezembro, observando que no começo desse mês ele já não é bom. "De início raro e muito caro, é vendido neste começo de século em grandes cestos no mercado de Les Halles, em Paris. Excelente para molhos de acompanhamento de carnes, em suco nas sopas de arroz, pode ser degustado até em pratos intermediários", ressalta o gastrônomo, dando a receita, então inédita, de tomates recheados.

Perspicaz como sempre, La Reynière conclui:

Não temos dúvida de que esse belo frutinho, abandonado às meditações profundas dos homens da arte, virá a se tornar o princípio de um grande número de regalos esclarecidos e variados.

Embora o americano Thomas Jefferson se tenha interessado por ele já em 1781, foi no começo do século XIX que o tomate conquistou os Estados Unidos: ele desembarca na Louisiana, depois sobe para o norte do país graças aos colonos que levaram sementes. O *ketchup* (do malaio *kêchap*, que designa um molho de peixe), longe de ser uma invenção recente, teria derivado de uma receita da Louisiana dessa época.

O tomate também deve aos Estados Unidos o fato de ser considerado um legume. Com efeito, o regulamento do porto de Nova Iorque impunha uma taxa de 10% sobre todos os legumes oriundos das Antilhas. Por mais que os importadores argumentassem que o tomate é uma fruta, o procurador da corte suprema foi taxativo: "Do ponto de vista botânico, o tomate é uma fruta como as abóboras, pepinos, feijões, ervilhas; no entanto, para os comerciantes e os consumidores, é um legume que se consome cru na parte mais importante da refeição, e não na sobremesa, como as frutas."

Vemos aqui que é o modo de consumo que determina a denominação – ainda que, atualmente, alguns cozinheiros, como Alain Passar, remontem ao caráter de fruta do tomate. O tomate pertence hoje à categoria dos "legumes-frutas". Aí está uma maneira de reconciliar todo mundo.

Pela força das coisas, as peripécias do tomate acarretaram mudanças genéticas. Da planta selvagem dos Andes à primeira domesticação no México, do México à segunda domesticação nos Estados Unidos, e outras tantas mudanças de lugares, de climas, de modos de cultura que geram aclimatação e mudanças.

A isso se somarão as modificações ligadas à hibridação no século XX: os primeiros tomates híbridos surgem nos Estados Unidos em 1920, e na Europa por volta de 1950. Segundo Jean-Philippe Derenne, o tomate se transforma "num dos campos de batalha da genética industrial", visto que os híbridos sobrepujaram de muito as variedades tradicionais.

A multiplicação desses híbridos é impressionante.

Em 1800, *Le Bon Jardinier* se limita a observar laconicamente, num parágrafo que trata do tomate: "existem os de tipo grande e os de tipo pequeno". Seis anos depois, figuram sete variedades no catálogo Vilmorin-Andrieux: "vermelho grande", "vermelho temporão", "amarelo grande", "vermelho redondo", "pera", "amarelinho", "cereja". Essas denominações se referem a cor, tamanho, forma e precocidade. No ano 2000, o catálogo oficial francês enumera 287 variedades híbridas e trinta tradicionais. A seleção se faz de acordo com os mesmos critérios, aos quais se somam a resistência ao frio e às doenças.

Atualmente, 90% dos tomates franceses são produzidos em estufas e fora da terra. Os especialistas nessas culturas usam uma ferramenta técnica eficiente. Por exemplo, zangões garantem a polinização, e joaninhas comem os pulgões. Esses tomates bem redondos, bem lisos, bem vermelhos, bem saudáveis, impecavelmente calibrados, só têm um defeito: são insípidos. A questão do gosto (salvo, talvez, no caso de alguns tomates cereja) continua sendo primordial. Desenvolvem-se pesquisas no sentido de fazer uma seleção que leve em conta todas as gamas do gosto. Vamos confiar nos engenheiros: eles terminarão por fabricar um tomate com gosto de tomate, assim como se fazem *croissants* com gosto de manteiga... sem manteiga.

Não obstante, a fragilidade dessas variedades híbridas exigiu a classificação das zonas onde vicejam tomates silvestres na América do Sul, para servirem de reserva mundial de biosfera, e também a criação de hortas de preservação do tomate, que eventualmente permitirão que se recorra às variedades de origem. Calcula-se que há hoje cerca de duas mil variedades de tomate no mundo... Constituído de 94% de água, portanto bem pouco calórico, ele contém também licopeno, um antioxidante que combate o envelhecimento das células, e já existe em cápsulas. Atualmente se fazem pesquisas para levar em conta qualidades nutricionais nos programas de seleção. Assim, o tomate está predestinado a um belo futuro de... *alicamento*.[21]

---

21. Alicamento (em francês, *alicament*): palavra-valise que combina "alimento" com "medicamento".

Voltar à simbologia do tomate é talvez uma maneira de voltar a pôr os pés no chão. Em algumas etnias, como a dos bambarras, em Mali, simboliza o sangue, e principalmente o sangue menstrual, portanto a fertilidade. As mulheres fazem oferenda de tomates à divindade, e os casais comem um tomate antes de se unirem.

Vermelho e sumarento, o tomate sugere todas as associações eróticas. A romancista chilena Isabel Allende o considera um legume afrodisíaco. Lembro-me de uma tabuleta vermelha que, em criança, me causava perplexidade: um tomate na fachada de um cabaré de *striptease* em Pigalle.

Marcel Proust, por sua vez, faz um uso cômico dessa conotação erótica em *Sodoma e Gomorra*. Nissim Bernard, um velho senhor que gosta de rapazes, persegue com suas atenções o tomate número 1, um criado do Grand Hôtel de Balbec, cuja cabeça lembra, de forma irresistível, o legume. Ora, esse rapaz tem um irmão gêmeo, o tomate número 2, que tem o mesmo físico do irmão, mas não os mesmos gostos, daí ocorre uma série de quiproquós, no mais puro estilo burlesco. O infeliz Nissim Bernard acabará por tomar ojeriza a tomates.

Mas ninguém falou de tomates como o escritor Joseph Delteil, nascido em Corbières e viticultor em Massane, próximo a Montpellier: "Sois sistemas solares e ventres de mulheres, ventres de mulheres e os miolos da terra." (*Choléra.*) Em seu livro *La Cuisine paléolithique*, ele traça um paralelo

JOSEPH DELTEIL, *A cozinha paleolítica*

Tomates à la Lucie

Pegue dois tomates bem redondos, descasque e ponha numa panela, em fogo baixo, submetendo-os a um meio cozimento, nem mais nem menos, pois aí está a arte: é preciso que o coração do tomate fique cru em seu invólucro tostado. As faces em fogo e o coração fresco. Por fim, um bom tempero à base de salsinha e alho. Sirva e derrame o suco por cima. Isso me lembra Sherazade.

entre cozinha natural e arte espontânea, não elaborada. Delteil resume muito bem minha própria concepção de gastronomia: "o simples apetite entre o homem e o mundo". Não se pode encontrar mais belo exemplo disso senão em seus "Tomates à la Lucie".

O comedor de feijões (1583)
Annibale Carrache

Esta cena de gênero representa um camponês sentado à mesa diante de uma tigela de feijões com cebola crua. A vidraça quebrada, o chapéu de palha surrado, a mão grossa contrastando com o copo, a faca e o pão branco. A simplicidade não exclui o prazer de viver, ressaltado pela luz que banha o quadro.

O feijão

"Qual é o seu país de origem? Você veio da Ásia Central com a fava e a ervilha? Você estava na coleção de sementes que os pioneiros da cultura nos trouxeram de sua hortinha? A Antiguidade o conhecia?"

Essas perguntas do entomologista Jean-Henri Fabre, nós as respondemos agora... em grande parte graças a ele próprio!

Com efeito, durante muito tempo reinou a maior confusão a respeito da origem do feijão, do qual não existe nenhum vestígio silvestre que nos pudesse dar uma resposta.

Por longos anos, opuseram-se duas teses:

A primeira via no consumo dessas leguminosas desde a Alta Antiguidade uma origem asiática, talvez médio-oriental. As escavações do arqueólogo Schliemann na Ásia Menor, no sítio que se supunha ser da cidade de Troia, não tinham revelado grãos carbonizados de "feijões comuns" misturados com grãos-de-bico e favas? A segunda hipótese postulava uma introdução muito mais recente do feijão pelos conquistadores, uma origem americana, portanto. Nesse caso, porém, como explicar que ele tenha sido consumido na Grécia e em Roma?

Foi preciso uma invasão de brucos, besouros ávidos de leguminosas, para que Jean-Henri Fabre encontrasse a solução em 1901! Com efeito, brucos desconhecidos um dia se lançaram sobre os feijões, poupando as leguminosas da Europa e da Ásia. Quanto aos feijões, de há muito já se observara que os brucos comuns os deixavam de lado. Ora, normalmente a toda planta corresponde um parasita que a consome. Os do feijão se revelaram de origem americana, como a sugerir a procedência da planta.

O que seriam então as leguminosas citadas pelos textos antigos, de Teofrasto a Virgílio, ainda consumidas na Idade Média?

Tudo se devia à confusão entre duas plantas: a *Vigna* (*dolichos*) ou dólico e a *Phaseolus vulgaris* ou feijão.

Essa confusão fora alimentada por um incrível imbróglio léxico, resultante da semelhança entre esses gêneros pertencentes à mesma família, as fabáceas ou leguminosas, das quais só as folhas diferem. O grego *phaseolos* deu origem ao latim *faselus*, que se transformou em *fasol, faziol, fayol,* depois... *fayot*. Até o século XVII, emprega-se o termo *fasiol*. Nas mais das vezes, em francês usa-se indiferentemente a palavra "*pois*" [ervilha] ou "*fève*" [fava]. Já sabemos que, da mesma maneira, durante muito tempo o termo *légume* (*leüm*) designa o conjunto das leguminosas, ervilhas, favas, lentilhas, ervilhacas, feijões, etc. Quanto ao inglês *bean*, ao alemão *bohne*, ao holandês *boon,* ao sueco *böna*, todos derivam de uma raiz germânica *bauna*, que significa fava. Essa necessidade atual de classificação científica diferencia, pois, espécies próximas que, aos olhos dos nossos ancestrais, podiam ser confundidas sem problema. Ou a distinção estava ligada a outros fatores. Assim, esses termos derivados do germânico correspondiam a um consumo na forma de grãos, ao passo que as derivadas de *faselus*, nas línguas latinas, eslavas e albanesas, provinham da venda das vagens em pequenos feixes (*faselus* derivaria de *fascis*, feixe, molho).

Durante séculos, portanto, desde a Antiguidade, designa-se com diferentes termos derivados do grego *phaseolos* não os feijões, mas uma leguminosa que lhe é próxima, o dólico (*Dolichos* ou *Vigna*), vinda da Ásia. Ela é bastante consumida até o Renascimento, e subsiste na França, na Vendeia e no Poitou-Charentes sob o nome de *mongette* (ou *mogette*, ou *mojhette*). Na Itália, na Espanha, em Portugal e nos países árabes, no Brasil e nas Antilhas, o dólico constitui uma das leguminosas mais importantes. Introduzido na América pelos traficantes de escravos, ele se difundiu amplamente nos Estados do Sul, e de maneira geral em todas as regiões tropicais da África e da Ásia. Em *Tortilla Flat* (*Boêmios errantes*), John Steinbeck lembra que para os pobres da região de Monterey, na Califórnia, "os feijões são um abrigo protetor para o estômago, um casaco quente contra as intempéries econômicas". Juntamente com a tortilha, eles constituem a única comida das famílias mexicanas, como é descrito no saboroso episódio dos Cortez.

O escritor Jean-François Revel confirma a sobrevivência de receitas muito antigas desses dólicos, que se veem no famoso quadro de Annibale Carracci *Il Mangiafagioli*.

> Existe na Toscana um *savoir-faire* camponês para a preparação dos feijões brancos (*fagioli*) que os torna bem saborosos. O método consiste em encher com feijões três quartos de uma garrafa, ou melhor, de uma *fiasque* de que se tenha retirado o invólucro de ráfia, cobri-los com água e pendurá-la acima de uma fornalha de carvão e de cinzas quentes, de modo que ela penda ligeiramente para um lado. Ao cabo de oito a dez horas ou mais de lentíssima evaporação e cozimento, os feijões macios e aveludados, embora inteiros e firmes, podem ser comidos, seja *all'uccelletto*, isto é, com um molho de ensopado, seja com azeite de oliva e cebolas cruas (o que os valoriza ainda mais). (*Un Festin en paroles* [Um banquete de palavras], Pluriel, 1982.)

Cultivado já há 6 mil a 8 mil anos de norte a sul da América, o feijão foi levado para a Europa pelos exploradores e conquistadores. Cristóvão Colombo descobre em Nuevitas (Cuba) favas muito diferentes das que são conhecidas na Espanha. Outros exploradores constatam sua presença na Flórida, na Nicarágua e até na embocadura do São Lourenço, quando da expedição de Jacques Cartier. Na América do Sul, observa-se sua cultura associada à de abóboras e de milho. Os viajantes não mostram grande surpresa, dada a semelhança com um legume que lhes é familiar. Eles enviam essas plantas para os monastérios de Sevilha, que as encaminham em 1528 ao papa em Roma, onde o cônego Piero Valeriano se entusiasma com seu sabor e facilidade de cultivo. Por insistência sua, Catarina de Médicis, parenta do papa Leão X, aceita levá-las a bordo da embarcação que deve conduzi-la a Marselha, onde irá se casar com Henrique II, em outubro de 1533. Elas farão parte de seu cestinho de joias de casamento! E é assim que, graças à futura rainha da França, o feijão exótico é cultivado nas hortas de Blois. Dependendo da região, chamam-no de fava rim (em inglês, *kidney bean*), fava de Roma ou fava pintada... Para botânicos ou horticultores, como Olivier de Serres, ele é o *faziol* ou *fazeol* – ou fava de feijão, por oposição à fava de brejo, para La Quintinie, que registra as duas espécies em sua Horta Real.

"As pequenas favas de feijão, ou *callicots*, ou favas, são de duas espécies: brancas e coloridas", escreve Nicolas de Bonnefons. "(...) Mais do que todas as outras, você apreciará as vermelhas, que superam em muito as brancas, se bem que em Paris estas sejam mais estimadas." (*Le Jardinier français*, 1651.)

E o termo *haricot* [feijão]? Ele aparece no léxico franco-espanhol de César Oudin em 1640, resultado de uma nova confusão entre uma palavra do francês antigo, "*haricoter*" ou "*halicoter*", que significa cortar em pedacinhos (um *haricot* de carneiro era um guisado de carne), e o termo asteca *ayacotl*, que designava a planta. O poeta parnasiano José Maria de Heredia, de origem cubana, teria sido o primeiro a resgatar essa etimologia em um livro de história natural do século XVI. Porém, segundo o lexicógrafo Alain Rey, a vaga assonância com o termo asteca seria mero acaso; já em 1620, encontram-se expressões como *fève d'aricot* ou *febve d'haricot*, que fazem de nosso legume o acompanhamento do *haricot de mouton* [guisado de carneiro com batatas e nabos]. Por deslocamento de sentido metonímico, o *haricot* terminou por designar a própria *faséole* [espécie de feijão branco]. Littré dá a mesma explicação. Será que Nicolas de Bonnefons sugere uma outra hipótese na receita que ele propõe para acompanhar as favas?

> As favas são comidas junto com a vagem. Quando esta tem fiozinhos nas junturas dos lados, eles são retirados. Em seguida, são fervidas, cozidas e temperadas da mesma forma que ervilhas debulhadas, e também com creme para engrossar o molho...

De sua antiga denominação em francês, o feijão manterá a de *fayot*, que passou para a linguagem popular.

Os feijões secos, cujo potencial de conservação nem é preciso demonstrar, foram durante muito tempo os últimos legumes a serem consumidos no mar, depois de esgotadas todas as provisões frescas... Sua fama de fazer mal aos intestinos fez com que a palavra servisse para designar também os oficiais subalternos que maltratavam os soldados, antes de estigmatizar os alunos lambe-botas.

Quando se esgotam as reservas de feijões, o fim está próximo: seria essa a origem da expressão?[22] Cada autor tem a sua versão.

Em vez de enumerá-las, é melhor lembrar um costume que ainda persiste em certas regiões em fins do século XVI, que consistia em servir feijões por ocasião de funerais, associando-os à morte. Devemos ver nisso a sobrevivência da simbologia ligada à fava, com a qual às vezes o feijão se confundia? Para Plínio, o Velho, a fava guarda em si a alma dos mortos. Ela se associava também ao culto dos mortos, às saturnais, que sobrevivem nas festas de Natal e da Epifania, e também às oferendas das primícias, a fim chamar a proteção dos mortos para os vivos. Essa simbologia também está presente na tradição japonesa. Torrado, o feijão teria propriedades de proteção e de exorcismo. Existe o costume de espalhá-los na casa no dia 3 de fevereiro a fim de expulsar os demônios.

Encontra-se também simbologia religiosa na lenda do "feijão Espírito Santo", também chamado de "feijão da religiosa", ou ainda "feijão do Santo Sacramento", dependendo da região. E eis a versão do Orne: em 1793, durante a Revolução Francesa, um padre em fuga confia um ostensório a uma velha camponesa para que ela o enterre. Qual não é sua surpresa quando, no ano seguinte, ela colhe os feijões que semeou naquele lugar! A velha descobre o desenho de um ostensório, no qual se distinguem bem o disco branco de uma

---

22. A autora se refere à expressão *la fin des haricots* [o fim dos feijões], isto é, o fim do mundo, o desastre total.

hóstia e os raios em torno do pão da eucaristia. Em outras versões, trata-se de uma mancha em forma de pássaro de asas abertas, representando o Espírito Santo. Seria bom acreditar num milagre... mas é apenas fruto de uma hibridação natural no curso de uma geração anterior! Na Sexta-Feira Santa, mergulham-se em água benta os grãos violetas de pontas brancas que só serão plantados no dia do Santo Sacramento, em junho. Esse pensamento mágico cristão aproxima-se estranhamente de uma lenda tupi, na qual uma menina, Mani, foi enterrada perto da cabana de seu avô. No lugar cresceu uma planta cuja raiz lembrava o corpo de uma criança. Nascia a mandioca...

Quanto às conotações sexuais, o feijão, seja ele verde ou seco, joga nos dois times. Jean-Luc Hennig cita a quadrinha do poeta barroco Théophile de Viau:

> Eu queria, bela moreninha,
> Vendo teu seio cheinho,
> Brincar acima da espineta
> E abaixo do flajolé.[23]

Isabel Allende lembra que, "para os teutônicos e os romanos, eles eram estimulantes, e sua flor simbolizava o prazer sexual. A sopa de feijão tinha tal reputação erótica que foi proibida no século XVII no convento da Ordem das Jerônimas, a

---

23. Flajolé é uma pequena flauta de seis furos e espécie de feijão branco.

fim de evitar excitações inoportunas...". *(Aphrodite – Contes, recettes et autres aphrodisiaques.)*

Pequeno peidão, peidorreiro ou artilheiro – à linguagem popular não faltam recursos para designar o pior inconveniente do feijão seco. "Pegar o feijão", "comer feijão de boia", "não valer o feijão que come" – expressões que testemunham a popularidade de uma leguminosa que se tornou o "arroz com feijão" de muitas populações.

Não obstante, só na metade do século XVII os autores começaram a se interessar de fato por ele. Durante muito tempo, os arquivos locais da Baixa Normandia só mencionam lentilhas, ervilhas, favas. Um século depois, Combles observa em sua obra *L'École du jardin potager* (1752): "Essa planta é conhecida universalmente e é bastante consumida no país inteiro... Esse legume é usado com tanta frequência na cozinha que se pode dizer ser ele o visitante mais assíduo do lar." E, de fato, em 1733 o feijão está ao lado de outras leguminosas, como demonstra o relatório do intendente de Caen.

Simples questão de vocabulário?

Como sempre, observa-se uma assincronia entre a prática popular e o discurso erudito que se lhe segue. Se, ao contrário do que aconteceu com o tomate e a batata, adotou-se o feijão tão facilmente, isso se deve ao seu parentesco com a ervilha, a fava e o dólico, e também à grande facilidade de sua cultura. No fundo, já de início ele parece bastante familiar aos europeus, apesar de sua origem exótica. O feijão figura tão bem nos cultivares do campo quanto nas hortas domésticas. Deve-se

também a Combles a primeira descrição de sua variabilidade morfológica, tal como é conhecida ainda hoje:
feijão seco ou fava de feijão (grão);
feijão por debulhar (ou grão tenro); e
feijão verde ou branco, do qual se deve retirar o fio e comer com a vagem, anões ou em rama.

O *Phaseolus*, nome científico do feijão, compreende 56 espécies, quatro das quais são cultivadas:
feijão-comum (*Phaseolus vulgaris*);
feijão-da-espanha (*Phaseolus coccinus*);
feijão-de-lima (*Phaseolus lunatus*); e
Tepary bean (*Phaseolus acutifolius*).

A eles se deve acrescentar o feijão-mungo (*Phaseolus mungo*), originário da Índia e cultivado na China desde tempos imemoriais. São seus brotos que se comem sob a denominação falaciosa de "germes de soja". A "verdadeira" soja, muito alergênica, pertence à família das glicínias. Consumida sob forma de leite, grãos, farinha, molho e purê, metade de sua produção é geneticamente modificada.

Contudo, embora os feijões verdes já sejam conhecidos no século XVII, o gosto pela leguminosa só se desenvolverá mais tarde. Os ameríndios o consomem apenas em grãos, recurso principal também dos colonos americanos, que os carregam em suas carroças. Em pleno século XIX, o filósofo americano Henry David Thoreau se instala como eremita numa cabana à beira de uma lagoa, onde viverá por dois anos. Em *Walden*, o relato de sua vida nos bosques de Massachusetts, dedica um capítulo inteiro ao "feijoal", que ele transforma em símbolo de seu labor agrícola. "Que aprenderei dos feijões ou os feijões de mim?", pergunta-se. Ele aprenderá o valor do trabalho manual, do esforço, do poder da natureza. Mas descobre também, por meio de um simples feijoal, suas próprias raízes e as de sua terra: "Um povo extinto que outrora viveu aqui semeou milho e feijão antes da chegada dos homens brancos para desbravar o país." Lavrando sua terra, ele revolve "as cinzas dos povos ignorados pela história que viveram sob este céu no curso dos anos primitivos". Thoreau tem assim a experiência íntima da natureza e da história.

Foram os burgueses europeus, ávidos de novidades, que fizeram do feijão verde um legume procurado, cada vez mais tenro, cada vez mais fino, símbolo de esbeltez, de frescor e de refinamento.

Marcel Proust se faz o arauto dessa moda em *A prisioneira*, enquanto Albertine, gastrônoma, se entusiasma com o pregão das vendedoras ambulantes de frutas e hortaliças:

> E pensar que vamos ter de esperar mais dois meses para ouvirmos: "Feijões verdes e tenros feijões, olha o feijão verde". Como a palavra está bem empregada: tenros feijões! Você sabe que gosto deles bem finos, muito finos, reluzentes de vinagrete; não se diria que são para comer, eles são frescos como o orvalho.

Esses feijões frescos como o orvalho agora nos são enviados aos milhares de toneladas pelos países da África (Marrocos,

Egito, Quênia, Senegal, Tanzânia), o que nos permite comê-los ao longo de todo o ano, não sem prejuízo de suas próprias culturas de subsistência e de seus recursos hídricos, e de nossas próprias culturas locais, cuja mão de obra é mais cara.

Talvez já seja a hora de prestar homenagem ao inventor do método que fez dos feijões os campeões da conserva familiar: Nicolas Appert. Esse filho de um estalajadeiro de Châlon-sur-Marne candidatou-se ao prêmio oferecido pelo exército do Diretório durante a campanha da Itália: 12 mil francos a quem descobrisse um meio de conservar os alimentos. Ex-cervejeiro, escanção do duque de Deux-Ponts, depois confeiteiro na rua des Lombards, em Paris, Nicolas Appert é prefeito de Ivry-sur-Seine. Ele compra um terreno em Massy, enche garrafas de leite, de feijões, de ervilhas e as cozinha, durante mais ou menos um bom tempo, a fim de testar a conservação e o gosto dos alimentos. E assim descobre a esterilização. Os ingleses irão adotar e aperfeiçoar o método, inventando a caixa de conserva de metal.

Em 1822, Nicolas Appert recebeu da Société pour l'encouragement de l'industrie nationale (Sociedade de Fomento da Indústria Nacional) o título de "benfeitor da humanidade". Em 1841, morreu na indigência e apodreceu na vala comum... *La fin des haricots.*

No entanto, logo depois da invenção da apertização, os feijões seriam conservados no campo da mesma forma como se conservam os pepinos (picles), com sal e vinagre, em potes de cerâmica.

Feijões com sal e vinagre

Coloque os feijões recém-colhidos dispostos cuidadosamente num pote de cerâmica. Cubra com uma camada de sal grosso e vá alternando as camadas. Depois, derrame um litro de água e um terço de litro de vinagre por quilo de sal. Comprima bem o vasilhame e o vede com uma tampa bem ajustada. Os feijões vão se conservar durante todo o inverno e se manter bem crocantes.

Basta lavá-los e cozinhá-los como se faz com os feijões frescos.

Como ressalta Alain Rey, o feijão ilustra "os empréstimos e os cruzamentos de hábitos culturais e de vegetais viajantes". *Cassoulet* de Toulouse, feijão branco da Vendeia, *fagioli* toscanos, chili com carne mexicano, tutu ou feijoada brasileira, *baked beans* americanos, *lobiö* caucasiano, *dhosas* indianos, *irio* queniano... Comem-se feijões no mundo inteiro, feijões vermelhos, verdes, pretos, amarelos, multicores – quase tão variados quanto os povos da Terra!

A abóbora

Nova Iorque, em meados de outubro: no mercado da Union Street, à luz do verão dos índios[24], florescem centenas de abóboras de todos os tamanhos, de todas as formas, de todos os tons nuançados, do laranja vivo ao amarelo palha – sóis sobre o pavimento. A Terra é azul como uma abóbora, sem dúvida.

Abóbora ou moranga?
Jerimum ou abobrinha?
Chila ou abóbora-cabaça?
Que importa, contanto que se tenha paixão...

É graças à contribuição de um naturalista adjunto do Muséum, Charles Naudin, que temos hoje o privilégio de distinguir as diferentes espécies de *Cucurbita*. Nossa homenagem, pois, a esse amante das abóboras, que em 1860 fez a triagem do milhar

---

24. "Verão dos índios", expressão americano-canadense: período de tempo ensolarado e de temperatura amena.

de cucurbitáceas que, do pepino ao melão, do *cornichon* à melancia, da cabaça à abóbora-menina, estendem suas ramas e gavinhas sobre a terra de nossas hortas desde tempos imemoriais.

Uma dezena de espécies só de *Cucurbita*.

A César o que é de César: o "gigante das hortas", a abóbora-menina, não roubou sua denominação de *Cucurbita maxima*. É máxima mesmo, visto que certas espécies como a "Atlantic Giant" chegam a pesar centenas de quilos. Mas elas estão lá para exibição... e as fotos de folhas de couve locais! Existem centenas de variedades, da cabaça à "abóbora-turbante" (assim chamada por causa da coroa que ostenta) e à deliciosa *potimarron* [abóbora-castanha], uma variedade "Hubbard" japonesa, cuja polpa é saborosa. Por muito tempo achei que esse nome se devia ao fato de ter gosto de castanha, mas parece que vem de "abóbora-marrom"[25] ou "pão dos pobres", uma variedade brasileira introduzida pelos portugueses. Brasil, Portugal, Japão: a abóbora gosta de viajar...

A abóbora é cor de laranja? Não só. Amarela, azul tirante a cinza, verde-escuro, vermelho vivo. Com saliências longitudinais, rugosa, lisa, redonda, em forma de pião ou de pera, a abóbora é por excelência o legume dos hortelãos estetas ou colecionadores, como os do castelo de Villandry ou da Horta Real em Versalhes, nos ordenados canteiros em que as culturas começavam a vicejar. Compreende-se por que ela aparece com tanta frequência nos quadros dos pintores flamengos e do incontornável maneirista Arcimboldo, que

---

25. *Marron*, em francês, é castanha.

com ela coroa seu personagem de *O outono*... "Abóbora de artista", como observa Aïté Besson, cuja variedade é muito difícil de definir. Só faltava isso. Tente colocar uma abóbora na cabeça, e verá!

Segunda espécie do gênero *Cucurbita*: a *citrouille* (*Cucurbita pepo*). Se, para La Quintinie, "a abóbora é uma espécie de *citrouille* achatada e amarela", para nós esta última logo lembra a carruagem mágica de Cinderela e os festejos bizarros do Halloween... Mas a *Cucurbita pepo* (cozida pelo sol) tem muitas outras caras: abóboras em forma de gorro *côtelé* verde e branco; as abobrinhas longas (entre as quais a variedade "*zucchini*", que consumimos na França), esféricas ou amarelas; a *pumpkin* americana; a abóbora "espaguete vegetal", cujos filamentos, depois de cozidos, lembram massas; a abóbora-bolota ou "*acorn*", cujos frutos vão do preto ao verde e ao marfim; as variedades cultivadas pelas suas sementes, das quais se extrai o óleo muito apreciado no Leste Europeu, como o "Lady Godiva": que destino, a sublime heroína saxônica – a quem o marido, o conde de Chester, desafiou a atravessar a aldeia a cavalo, vestida apenas com a cabeleira para defender a causa de seus camponeses – ter dado seu nome a uma abóbora!

Terceira espécie, a *Cucurbita moschata*, ou abóbora-almíscar, da qual destaco apenas duas variedades especialmente saborosas: a abóbora-doce de Berry e a *butternut*, cuja casca é de um bege róseo muito elegante, polpa laranja vivo, tão suculenta quando preparada com carne branca ou carne de caça, como numa torta aromatizada com canela.

É preciso acrescentar a essas espécies a aboboreira de Sião, cujos frutos lembram a melancia, a abóbora mexicana vestida de creme e verde, em forma de pera, a *luffa* (*Luffa aegyptiaca* L.) ou bucha, usada como esponja vegetal... e, principalmente, não devemos esquecer as abóboras-cabaças e as cabaças. Mas isso é uma outra história.

Como o feijão, as abóboras têm uma dupla origem. Conhecidas desde a Antiguidade, são mencionadas por nossos autores favoritos, Plínio, Columela e outros de mesmo viés. Apício até dá treze receitas de cucurbitáceas, em sua maioria cozidas, depois fritas, recozidas com molho e reduzidas a purê (e não sem motivo!). Uma vez esvaziadas, essas abóboras-cabaças, cuja casca endurece ao secar, têm muitos usos: recipientes, utensílios, máscaras, gaiola de pássaros, instrumentos musicais ou mesmo boia para as crianças da Roma antiga, cabaça para os peregrinos de Santiago de Compostela, mas também para bebedores de mate na América do Sul, dando-lhe seu nome por metonímia. Essas abóboras-cabaças ou cabaças derivam do gênero *Lagenaria*, próximas mas diferentes das *Cucurbita*. Experiências mostraram que as sementes podiam germinar mesmo depois de os frutos passarem um ano flutuando na água, daí com certeza a grande expansão dessas abóboras-cabaças. Originárias da África, logo se difundiram na América e na Ásia. Elas estão entre as mais antigas plantas cultivadas pelo homem (encontram-se vestígios delas no Peru que datam de 11000-13000 a.C.), há milênios estão na vida cotidiana desses povos e geraram mitos e narrativas, principalmente na tradição africana.

Quanto às nossas *Cucurbita*, elas são originárias da América e, como o tomate, o milho, o feijão ou os pimentões, foram trazidos pelos conquistadores, deslumbrados com a variedade e a beleza dessa planta colorida. Em 3 de dezembro de 1492, Cristóvão Colombo descobriu no alto de uma montanha em Cuba "uma festa para os olhos". Jacques Cartier também se deixou seduzir quando explorava a região do rio São Lourenço: "Eles têm muitos melões grandes e pepinos, abóboras, ervilhas e favas de todas as cores, mas não do tipo dos nossos." As abóboras são cultivadas há milhares de anos, talvez a princípio por causa de suas sementes ricas em óleo. No México e no Peru, descobriram-se vestígios de sua presença que datam de 5 mil a 7 mil anos. Elas se espalharam do São Lourenço à América do Sul, suas sementes (as "pepitas") são uma moeda de troca, logo se passa a consumir suas flores, suas sementes moídas e sua polpa. Com os conquistadores do Novo Mundo, elas atravessam os mares e ganham a Europa; graças aos portugueses, aportam nas terras de Angola e de Moçambique, depois Índia, Indonésia e China, para voltarem em seguida para a Europa através do Império Otomano e dos Bálcãs. Em meio século, as cucurbitáceas deram a volta ao mundo e se aclimataram por toda parte.

A multiplicidade de seus nomes só tem igual na confusão que ela provoca. Será muito esperto quem conseguir dizer o que entendem exatamente os botânicos do século XVII quando distinguem a *citrouille* do *potiron* ou a *pumpkin* da *squash*! Se o termo *citrouille* vem de *citron*[26], o *potiron* empresta seus flancos rechonchudos a várias etimologias. O sírio *pâturta* (cogumelo?), o latim *posterio* (posterior?), o francês antigo *boterel* (sapo?) ou o adjetivo *pot* (inchado?). Gosto muito desta última hipótese, que lembra a receita favorita de Jean-Pierre Coffe: acrescentam-se a uma abóbora da qual se tirou uma tampa fatias de pão rústico tostadas, cogumelos de Paris, queijo ralado, creme fresco e noz-moscada; recoloca-se a tampa, embrulha-se a abóbora em papel-alumínio, deixa-se no forno por duas ou três horas, mistura-se tudo... e serve-se. Vocês vão ver que delícia, e mais que isso!

Depois de um breve entusiasmo, porém, os cozinheiros franceses se indispõem contra as abóboras: "Na cozinha, só servem para fazer sopa com leite", resmunga Menon em *La Cuisine bourgeoise*, em 1774. Depois, muita água correu sobre nossas cucurbitáceas, que atualmente gozam de um prestígio que se deve tanto a suas qualidades gustativas quanto a sua extraordinária fantasia polimórfica. No outono, os vários tipos de abóbora mobilizam os milhares de visitantes que vão admirá-las nos jardins dos colecionadores.

Na tradição europeia, abóboras não são epítetos lisonjeiros e evocam antes uma cabeça oca que um espírito brilhante – e diga-se de passagem que eles se aplicam principalmente à metade feminina da humanidade, sendo que uma abóbora é não apenas uma tonta, mas também uma desastrada. A cabaça é também um

---

26. *Citron*: limão, em francês.

dos emblemas do bobo da corte. Em outras civilizações, a coisa é muito diferente: na África, por exemplo, as sementes de abóbora são sinônimo de inteligência e fertilidade; no Extremo Oriente, essas pevides numerosas e prolíficas são também símbolo de abundância e de fecundidade. Fonte de vida e de revivificação, elas se inscrevem na tradição taoísta como princípio de imortalidade. De um lado, pois, o invólucro seco e vazio; de outro, as sementes da origem da vida e da morte.

É por aqui que devemos procurar a tradição da Ação de Graças e do Halloween. Em 1621, os primeiros colonos ingleses da Nova Inglaterra, os *pilgrim fathers*, comemoram sua gratidão para com a Providência e os indígenas que os acolheram colocando em seu menu a abóbora, e também o milho e o feijão, que os índios lhes tinham ensinado a cultivar. Na quarta quinta-feira de novembro, celebra-se a Ação de Graças com uma refeição tradicional: peru recheado com mirtilo, feijões e *pumpkin pie*, torta de abóbora, remanescente da receita original, que é a abóbora esvaziada das sementes, recheada com maçã, açúcar, leite, e levada ao forno.

Seria essa tradição responsável pela intrusão da abóbora na festa céltica do Halloween? Não nos esqueçamos do papel que tradicionalmente desempenhava nessa festa a pastinaca (e sem dúvida também o nabo). A festa de Samain, realizada no fim de outubro, marcava o momento em que os rebanhos voltavam das pastagens. Começava então o período hibernal. O Samain celebrava o Ano-Novo, a passagem da luz à escuridão, do calor ao frio, da vida à morte. Para que essa passagem se fizesse de forma harmoniosa, os mortos eram convidados a vir se aquecer junto dos vivos e, para guiá-los, acendiam-se lanternas e deixavam-se as portas abertas. Para evitar, porém, a intrusão de espíritos maléficos que os acompanhavam, acendiam-se grandes fogueiras, que davam lugar a reuniões e a jogos rituais. Festa dionisíaca profundamente enraizada em terra celta, o Samain resistiu à tentativa cristã de substituí-la pela de Todos os Santos. O Halloween (*All hallow eve*, véspera de todos os santos) sobreviveu, mesclando o aspecto festivo e luminoso por meio de fogueiras, brincadeiras e ritos, e o cortejo horripilante surgido das sombras, esqueletos, feiticeiras e outros demônios. Desde muitos e muitos séculos, as crianças aderiram aos festejos, talvez por constituírem a mais efetiva conjuração da morte. A fim de assustar os idosos, encarregavam-nas de perambular pela noite com lanternas com rosto humano (as *Jack o'lanterns*) cavadas, de acordo com as regiões, em nabos, pastinacas ou, como na Bretanha, em beterrabas. Foi no século XIX que a abóbora, colhida nessa época, tomou o lugar deles na América, depois na Europa. As *Jack o'lanterns* deram o nome a uma variedade de abóboras especialmente adequada a esse uso.

Assim, a abóbora está intimamente ligada aos ritos de passagem: da velha Inglaterra à Nova, da sombra à luz, da vida à morte... Nada mais natural que Charles Perrault tenha optado por fazer dela o veículo mágico para transportar a infeliz Cinderela de seu borralho ao baile, transformando a borralheira maltratada em princesa adorada. As fadas nunca se enganam. A madrinha dessa pobre mocinha relegada às cinzas é uma rainha da noite. Basta-lhe tocar a abóbora com seu condão mágico para transformá-la em uma carruagem que fará da jovem uma princesa efêmera... como todas as princesas. À meia-noite, ela volta a ser a infeliz maltrapilha, e a carruagem retorna à sua condição de humilde abóbora até o milagre do sapato de vidro (e não de "pele", como haviam decretado Balzac e Littré no século XIX).[27] Assim, a abóbora, legume comum na horta, materializa também a passagem do registro realista ao do maravilhoso. Não sei se esse conto deriva da tradição céltica. Mas alguns viram nessa narrativa, oriunda do repertório oral, a sobrevivência de ritos que não deixam de evocar o Samain: Cinderela encarnaria o ano novo; de início "noiva das cinzas", humilhada pela madrasta (o ano passado), ela ficaria "calçada" graças a uma ajuda mágica (animal protetor ou madrinha). Nessa perspectiva, a abóbora desempenharia plenamente seu papel de "passador" – e isso bem antes de esse legume figurar de fato no Halloween. Os irmãos Grimm, que compilavam contos de origem germânica, confiam aos passarinhos o papel da fada. Em sua versão, Cinderela é levada ao baile por eles, sem abóbora e sem carruagem...

Uma pena.

---

27. Na versão original francesa, os chinelinhos da Cinderela eram feitos de *vair* (a pele de um esquilo cinza). Teria havido uma confusão de *vair* com *verre* (vidro), depois glamourizado para "cristal".

Pimentão vermelho sobre mesa branca redonda laqueada (1915)
Félix Vallotton

Contemporânea de uma série de telas que tematizam a guerra, essa natureza-morta parece jogar com uma dupla visão, na qual não falta ironia: pausa colorida no horror, paz de uma mesa limpa que evoca o lar, mas também órgãos retorcidos, sangue refletido na faca, símbolo da crueza da época.

A pimenta/pimentão

No princípio, eram quatro irmãos. O mais velho, Manco Capac, foi o primeiro inca. O segundo, Ajar Cachi (*cachi*, sal), personificava o conhecimento. O terceiro, Ajar Uchu (*uchu*, pimenta), a alegria e a beleza; o quarto, Ajar Sauca, a felicidade.

Assim começa o mito da criação tal como o conta Garcilaso de la Vega, filho natural do conquistador Sebastián Garcilaso de la Vega e da princesa inca Isabel Chimpu Ocllo. "Apimentar a sua vida" não é uma maneira de lhe dar alegria? As pesquisas mais recentes confirmam: a pimenta tem um efeito estimulante no organismo. Os homeopatas a usam para combater a saudade da terra natal; e a farmacopeia chinesa, contra a depressão. Excelente razão para encerrar este livro com essa grande viajante que, completando a volta ao mundo, se tornou indispensável nos quatro cantos do planeta...

"*Mejor que pimienta nuestra...*". Foi com essas palavras históricas que Cristóvão Colombo saudou o aparecimento da planta em Hispaniola (Cuba), pela pena do historiador que o acompanhava, Pierre Martyr. Tendo partido em busca de uma nova rota para as especiarias, ele não poderia deixar passar aquela. Como o feijão ou a abóbora, a *aji* já é conhecida dos caçadores-coletores mexicanos e peruanos milhares de anos antes de nossa era. E o caminho que ela vai tomar em sua conquista do mundo é ainda mais extraordinário: como no caso das abóboras, os portugueses serão seus principais agentes. Mesmo ponto de partida, os portos da Bahia e de Pernambuco, no Brasil, mesma travessia do Atlântico rumo ao golfo da Guiné e aos entrepostos de Moçambique, mesmo caminho rumo a Goa e Calicute, na Índia.

Paralelamente, porém, havia uma rota no sentido inverso, usada pelos espanhóis, que fariam a pimenta alcançar o sul da China e Manila, através do Pacífico, partindo de Acapulco e Lima. Como alguns entrepostos portugueses caíram nas mãos dos turcos, a pimenta se difundiu no Império Otomano, antes de ganhar a Morávia e a Hungria, graças aos monges franciscanos espanhóis. Os comerciantes persas, malaios, indianos e árabes encarregaram-se de propagá-la em todas as suas zonas de influência e de comércio. A Europa Ocidental se tomou de fervor pela pimenta, a começar da Espanha, da mesma forma que o Magrebe.

Essa solanácea, longe de inspirar a mesma desconfiança despertada pelo tomate e pela batata, foi adotada em toda parte. Por quê? Porque não contém princípios tóxicos, ao contrário daqueles? Por ser fácil de cultivar e de conservar?

Por gozar do prestígio da pimenta-do-reino sem o mesmo custo? Pimenta indiana, pimenta de Calicute, pimenta da Guiné, pimenta de Caiena, pimenta do Brasil – e até pimenta do pobre, serão algumas de suas denominações. A pimenta beneficia-se também da grande capacidade de adaptação, o que faz com que as variedades cultivadas se renaturalizem, como na Índia, por exemplo. Experimente dizer a um coreano (os campeões atuais de consumo de pimenta), a um chinês (os maiores produtores) ou a um africano que a pimenta nem sempre fez parte de sua alimentação! *Chili* mexicana, *aji* sul-americana, *pili-pili* senegalesa, *paprika* húngara, *zozios* das Antilhas, *pepper* anglo-saxônica, *peretz* russa, *Pfeffer* alemã: a pimenta fala todas as línguas. Salsa mexicana verde, carioca do Brasil, *harissa* da África do Norte, *tabasco* da Louisiana, *rougail* das Antilhas, *cari* da Índia, *sambal* da Indonésia: a pimenta está em todos os molhos.

Nem todas as línguas diferenciam a pimenta do pimentão. Por exemplo, *red pepper* nos Estados Unidos é o termo genérico, sendo que *chili pepper* aplica-se à pimenta, e *bell pepper* ao pimentão. E não sem motivo elas pertencem ao mesmo gênero, *Capsicum* (caixinha, de que derivou cápsula), e suas denominações têm base no uso, e não em uma verdadeira diferenciação botânica. Pode-se dizer também que algumas espécies ou variedades foram desenvolvidas em função de seu poder "incendiário", devido à capsaicina, e que outras, tornando-se maiores, mais polpudas, se adoçaram e perderam sua ardência!

Tagine de legumes

Preparação: 2 horas
Cozimento: 2 horas no forno
Ingredientes para 8 pessoas

1,5 kg de carne de cordeiro bem magra, cortada em cubos
1 kg de cebolas
2 pimentões
2 limões
3 tomates
10 a 14 batatas pequenas
100 g de ameixas secas
150 g de ervilhas verdes sem caroço
100 g de amêndoas
3 pimentas língua-de-passarinho (malagueta)
2 colheres de sopa de mel
2 a 3 dentes de alho
2 a 3 colheres de coentro em pó
1 colher de café de cominho
2 pitadas de canela
um pouco de açafrão
sal, pimenta

1. Marine a carne com um copinho de água, açafrão, alho esmagado, coentro, cominho, pimentas e sal durante quatro a cinco horas.

2. Corte as cebolas em lâminas e as derreta na manteiga ou óleo (30 a 45 minutos).

3. Na mesma panela, doure as batatas sem cozinhá-las e as coloque no leito de cebolas.

4. Toste levemente a carne em um pouco de óleo. Escorra a carne e reserve o caldo. Em seguida, disponha a carne sobre o leito de cebolas, alternando as azeitonas, as ameixas secas, as rodelas de tomate, de pimentão e de limão, e também as batatas, formando um domo.

5. Derrame o suco da marinada (sem as pimentas), acrescente um pouco de coentro. Corrija o tempero.

6. Coloque a tampa e ponha a travessa no forno quente (a 220 °C durante a primeira hora, depois a 200°C). Preste atenção no caldo.

7. Toste as amêndoas, depois misture-as com mel e canela. Antes de servir, acrescente as amêndoas, torne a fechar o forno e deixe por cinco minutos. Coloque na mesa, tire a tampa e deixe agir à magia das cores e dos aromas. Os sabores virão em seguida.

Pimenta é o termo mais genérico, deriva de *pigmentum*, em latim: ele nos lembra as propriedades corantes da pimenta, cada vez mais exploradas atualmente. *Pigment* também designava um bálsamo feito com substâncias aromáticas e especiarias, e "*pimentier*" era o embalsamador ou o perfumista. Assim, a pimenta se encontra na categoria semântica de *pimiento* espanhol, que engloba todas as pimentas, por oposição a *pimienta,* que se aplica à pimenta.

O termo *poivron* [pimentão], que data do fim do século XVIII, deriva, claro, de *poivre* [pimenta] e seria uma contração de *poivre long* [pimenta comprida], da mesma forma que o italiano *peperone* [pimenta grande] deriva de *pepe*. No sul da França, é usado para designar pimentões doces, de frutos grandes. Mas agrônomos atentos afirmam que existem pimentões grandes picantes e pimentões pequenos doces... Cuidado com as generalizações.

O gênero *Capsicum* talvez se constitua de 22 espécies silvestres e cinco domesticadas. Por que o "talvez"? Porque ainda se podem descobrir outras espécies na região amazônica. Entre essas cinco espécies está o *Capsicum annuum*, à qual pertencem todas as variedades cultivadas em nossas hortas.

Hoje em dia, ninguém desconhece a pimenta de Espelette, muito em voga nas mesas parisienses já há alguns anos. Cultivada tradicionalmente pelas mulheres, colhida em setembro naquela pequena aldeia basca, é posta para secar em guirlandas nas fachadas das casas e abençoada numa grande festa em fins de outubro. A pimenta vermelha de Bresse, menos conhecida, outrora cultivada com o feijão, a batata, o milho e a abóbora, foi redescoberta há cerca de vinte anos. Ao contrário do que acontece com a pimenta de Espelette, as mulheres de Bresse, que reinavam sobre as hortas, não tinham o direito de tocar nela... Da exclusividade à exclusão, são misteriosos esses laços antropológicos entre mulher e pimenta.

Ninguém sabe ao certo por que motivo as pimentas mais fortes se impuseram nos países pobres e quentes. Talvez por permitirem, por um preço baixo, dar um toque colorido, perfumado e forte a um alimento pouco variado: elas realçam o gosto de forma notável.

Além disso, o gosto forte cria um hábito e uma forma de dependência. A capsaicina provoca uma série de reações dolorosas na boca e na língua, que corresponderiam a mecanismos de proteção contra o veneno. Então o cérebro secreta endorfinas para mitigar a dor. Essa mistura de sofrimento e prazer é que favoreceria a dependência... Aqueles que gostam de sensações fortes, cada vez mais numerosos, talvez estejam em busca dessa descarga de adrenalina. Será por isso que, através da cozinha indiana, no caso dos ingleses, ou da mexicana, no caso dos americanos, os ocidentais gostam cada vez mais de comida *hot*? No sul dos Estados Unidos há uma verdadeira loucura da pimenta. Realizam-se concursos, comer alimentos apimentados é um sinal de força, resistência e virilidade. *Hot*, quente, picante... Como não fazer um paralelo entre prazeres sexuais e gustativos? Seria a pimenta o Viagra do pobre? Da escalada pornográfica ao consumo de pimentas cada vez mais fortes, esboça-se o retrato-robô do supermacho ocidental, campeão da competição em todos os níveis. A única coisa que importa é o quantitativo, o recorde. Assim, no desenho animado *Os Simpsons*, Homer Simpson, caricatura do macho americano, reveste a própria garganta com cera ardente para poder comer uma pimenta bastante forte, "cultivada nos confins da selva primitiva pelos internos de um asilo de loucos da Guatemala!". Popeye comia espinafres, Homer devora pimentas.

Em 1912, o químico americano Wilbur Scoville inventou uma escala de medição da capsaicina: 1% dessa substância equivale a 150 mil unidades de calor, o que é superior ao valor de um prato condimentado tailandês. Até então, o recorde mundial era da *red savina*, da Califórnia. Em setembro de 2000, um laboratório militar no Nordeste da Índia anunciou ter descoberto a pimenta mais forte do mundo. A *bhut jolokia* foi testada no Instituto da Pimenta do Novo México, terra das associações e revistas dedicadas ao *chili pepper*: para surpresa geral, ela atingiu mais de um milhão de unidades de calor. É consumida pela tribo dos Nagas, que lhe deram seu nome! E logo será utilizada na fabricação de gás lacrimogênio e também para manter os elefantes afastados das aldeias. Sabe-se que muitas vezes as bombas de autodefesa contêm capsaicina concentrada. Mas o potencial de aquecimento é utilizado também no tratamento de distensões, entorses ou para aquecer os músculos dos atletas. Muito rica em vitaminas, a pimenta também está na base dos trabalhos sobre vitamina C desenvolvidos em 1928 pelo bioquímico Albert Szent-Györgyi, que conseguiu isolá-la e cristalizá-la, o que lhe valeu o prêmio Nobel.

    O mapa genético da pimenta progride: hoje se sabe que ela é uma mina de antioxidantes. Como os incas já haviam notado, o último legume de nosso roteiro é uma "fonte de alegria e de beleza". Não é de espantar, pois, que se tenha espalhado pelo mundo inteiro como um rastilho de pólvora...

ANNA DE NOAILLES, O pomar

No jardim suavizado por cravos e arômatas,
Depois que a aurora molhou o tomilho folhudo
E as pesadas gilbardeiras penduradas nos tomates,
Balançam sob o orvalho, carregadas de seiva,

Eu me postarei sob o azul e a bruma ondulante,
Embriagado pelo tempo e pelo dia renascido,
Meu coração se erguerá como o galo que canta
Incansavelmente, voltado para o sol no horizonte.

O ar quente e leitoso sobre todo o campo de hortaliças,
Sobre o trabalho generoso e prudente das sementeiras,
Sobre as verduras vivas e os buxos da orla,
Sobre a vagem intumescida que começa a abrir.

A terra lavrada onde amadurecem as sementes
Irá tremular, radiante e amena, em pequenas ondas,
Feliz de sentir em sua carne subterrânea
O destino da vinha e do trigo enterrado.

Pêssegos se avermelharão sobre suas folhas, colocadas
Ao muro em que se embate o sol ardente
A luz encherá as estreitas aleias
Que a sombra das flores cobre como uma vestimenta,

Um sabor de floração e de coisas sumarentas
Se elevará da abóbora úmida e do melão,
O meio-dia incendiará a relva silenciosa,
O dia será tranquilo, inesgotável e longo.

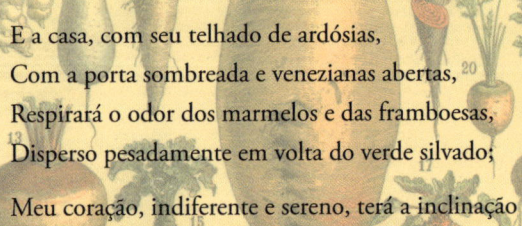

E a casa, com seu telhado de ardósias,
Com a porta sombreada e venezianas abertas,
Respirará o odor dos marmelos e das framboesas,
Disperso pesadamente em volta do verde silvado;

Meu coração, indiferente e sereno, terá a inclinação
Da folhagem flexível e plana dos feijões
Sobre a qual o rocio pousa e serpeia
E corre sem lhe perturbar o sono e o repouso.

Estarei livre, então, de medo e de amargura,
Lassa como um jardim banhado de chuva,
Calma como o lago a luzir em meio à bruma,
Não mais sofrerei, não mais pensarei.

Nada mais saberei das coisas deste mundo,
Das dores de minha vida e de minha nação,
Ouvirei cantar no fundo de minh'alma
A paz harmoniosa das germinações.

Não terei mais orgulho e serei igual,
Em minha nova candura e simplicidade,
A meu irmão, o pâmpano, e à minha irmã groselha,
Que são o contentamento amável do verão.

Estarei tão sensível e tão chegada à terra
Que poderei pensar ter conhecido a morte,
E, viva, me mesclar ao mistério repousante
Que nutre e faz florescer as plantas.

E será muito bom e certo imaginar
Que meus olhos buliçosos assemelham-se a esse linho,
E que meu coração, pleno e ardente, é aquela pera
Que amadurece docemente sua casca ao sol...

ANEXO

Nomes científicos e famílias

Legume	Tipo	Nome científico	Família
Alcachofra	flor	*Cynara scolymus*	Asteráceas (Compostas)
Cardo-hortense	caule	*Cynara cardonculus*	Asteráceas (Compostas)
Cenoura	raiz	*Daucus carota*	Apiáceas (Umbelíferas)
Couve	folha	*Brassica oleracea*	Brassicáceas (Crucíferas)
Feijão	semente	*Phaseolus vulgaris*	Fabáceas (Papilionáceas)
Pastinaca	raiz	*Pastinaca sativa*	Apiáceas (Umbelíferas)
Pimenta	fruto	*Capsicum*	Solanáceas (Solâneas)
Ervilha	semente	*Pisum sativum*	Fabáceas (Papilionáceas)
Abóbora	fruto	*Cucurbita maxima*	Cucurbitáceas
Tomate	fruto	*Lycopersicon esculentum*	Solanáceas (Solâneas)
Tupinambor	raiz	*Helianthus tuberosus*	Asteráceas (Compostas)

Bibliografia

Obras de referência sobre os legumes

Marie-Pierre Avry e François Galloin, *Légumes d'hier et d'aujourd'hui*, Belin, 2007.

Elizabeth Lemoine, *Les Légumes d'hier et d'aujourd'hui*, Éd. Molière, 2003.

Jean-Marie Pelt, *Des légumes*, Fayard, 1993.

Jean-Marie Pelt, *Ces plantes que l'on mange*, Éd. du Chêne, 2006.

Michel Pitrat e Claude Foury, *Histoires de légumes des origines à l'orée du XXIe siècle*, INRA éditions, 2003.

Michel Vivier, *Savoirs et secrets des jardiniers normands*, Ed. Charles Corlet, 2007.

Jardins savoureux en pays d'Auge, Association Monviette Nature, 2001.

Alguns textos fundadores

Apício, *In re coquinaria*.

Le Mesnagier de Paris (c. 1393).

Nicolas de Bonnefons, *Le Jardinier français* (1651), comentado por François-Xavier Bogard, Ramsay, 2001.

Nicolas de Bonnefons, *Délices de la campagne*, comentado por Pierre de Gagnaire e Hervé This, in *Alchimistes aux fourneaux*, Flammarion, 2007.

Brillat-Savarin, *Physiologie du goût*, com uma leitura de Roland Barthes, Hermann, 2005.

Alexandre Dumas, *Petit Dictionnaire de cuisine*, Lemerre, 1882.

Grimod de La Reynière, *Écrits gastronomiques*, 10/18, 1978.

Platina, *Le Livre d'honnête volupté et santé*, traduzido [para o francês] por Didier Christol, 1505.

Plínio, o Velho, *Histoire naturelle*, Folio classique, Gallimard, 1999.

Olivier de Serres, *Théâtre d'agriculture et mesnage des champs*, 1600.

Le Viandier (1370), atribuído a Taillevent, cujo nome verdadeiro é Guillaume Tirel, Slatkine Reprints, Genebra, 1967.

Obras básicas sobre a história da alimentação

Jacques Barrau, *Les Hommes et leurs aliments*, Messidor/Temps Actuels, 1983.

Jean-Louis Flandrin e Massimo Montanari, *História da alimentação*, São Paulo: Estação Liberdade, 1998.

Igor de Garine, "Les Modes alimentaires, histoire de l'alimentation et des manières de table", in *Histoire des moeurs*, Encyclopédie de la Pléiade, Gallimard, 1990.

Daniel Meiller e Paul Vannier, *Le Grand Livre des fruits et légumes*, Éd. La Manufacture, 1991.

Maguelonne Toussaint-Samat, *Histoire naturelle et morale de la nourriture*, Bordas, 1987.

OCHA. Site com dados sobre a cultura e os comportamentos alimentares: <www.lemangeur-ocha.com>

Monografias

Jean-Paul Aron, *Le Mangeur du XIXe siècle*, Robert Laffont, 1973.

Alain Baraton, *Le Jardinier de Versailles*, Grasset, 2006.

Christian Boudan, *Géopolitique du goût. La Guerre culinaire*, PUF, 2004.

Martin Bruegel e Bruno Laurioux (sob a direção de), *Histoire et identités alimentaires en Europe*, Hachette Littérature, 2002.

Alberto Capatti e Massimo Montanari, *La Cuisine italienne, histoire d'une culture*, Seuil, 2002.

Madeleine Ferrières, *Histoire des peurs alimentaires. Du Moyen Âge à l'aube du XXe siècle*, Seuil, 2002.

Philippe Gillet, *Le Goût et les Mots. Littérature et gastronomie (XIVe-XXe siècle)*, Petite Bibliothèque Payot, 1993.

Bruno Laurioux, *Manger au Moyen Âge*, Pluriel, Hachette Littérature, 2002.

Jean-Pierre Poulain e Edmond Neirinck, *Histoire de la cuisine et des cuisiniers. Techniques culinaires et pratiques de table, en France, du Moyen Âge à nos jours*, LT Jacques Lanore, 2004.

Jean-François Revel, *Un Festin en paroles*, Pluriel, Pauvert, 1979.

Anthony Rowley, *Une Histoire mondiale de la table. Stratégies de bouche*, Odile Jacob, 2006.

Coleção *Chroniques du potager* (Actes Sud)

Aïté Bresson, *Le Potiron*, 1998.

BIBLIOGRAFIA

Aïté Bresson, *L'Artichaut et le cardon*, 1999.
Jean-Luc Daneyrolles, *Le Piment et le poivron*, 2000.
Jean-Luc Daneyrolles, *La Tomate*, 1999.
Jérôme-Goust, *Le Haricot*, 1998.
Jérôme-Goust, *La Carotte et le panais*, 2001.
Antoine Jacobsohn e Dominique Michel, *Le Petit Pois*, 2001.
Jean-Paul Thorez, *Les Choux*, 2002.

Referências iconográficas
Silvia Malaguzzi, *Boire et manger: traditions et symboles*, Hazan, 2006.
Lucia Impelluso, *Jardins, potagers et labyrinthes*, Hazan, 2005.

Palavras e expressões
Colette Guillemard, *Les Mots d'origine gourmande*, Belin, 1988.
Claude Duneton, *Le Bouquet des expressions imagées*, Seuil, 1990.
Alain Rey, *Dictionnaire culturel en langue française*, Le Robert, 2005.

E antes de tudo, naturalmente, os dois ensaios de Michel Onfray
Le Ventre des philosophes, Grasset, 1989.
La Raison gourmande, Grasset, 1995.

Fontes suplementares para cada capítulo
"Boa para comer, boa para fazer pensar..."
Louis Aragon, *Traité du style*, Gallimard, 1928.
Claude Lévi-Strauss, "Le Triangle culinaire", *L'Arc*, n. 26, 1965.
Claude Lévi-Strauss, *Mythologiques I, II, III, IV (Du miel aux cendres, 1967. L'Origine des manières de table, 1968)*.
Pierre de Ronsard, *Poésies*, 1569.
Émile Zola, *Le Ventre de Paris*, 1873.

Questão de gosto
Nicolas Boileau, *Satires et épîtres*, satire III, 1665.
Luigi Cornaro, *De la sobriété*, 1558, texto apresentado por Georges Vigarello, Jérôme Million, Grenoble, 1991.

Denis Diderot, *Lettre sur les aveugles à l'usage de ceux qui voient*, 1749.

Jean-Louis Flandrin. "La Distinction par le goût", in *Histoire de la vie privée 3. De la Renaissance aux Lumières*, sob a direção de Philippe Ariès e Georges Duby, Points, Seuil, 1999.

Le Plaisir du goût et de la qualité, Liliane Plouvier, historiadora do gosto, intervenção no colóquio "Comment lancer le mouvement Slow-food?", 23 de março de 2007, organizado por Etopia e os conviviums Slow food. <www.slowfood.fr>

Montaigne, *Essais*, I, 51, *De la Vanité des paroles*, 1580.

Voltaire, *Dictionnaire philosophique*, 1765.

O cardo-hortense e a alcachofra

Sigmund Freud, *L'Interpretation des rêves*, PUF, 1976.

Georges Gibault, "Le Cardon et l'artichaut", in *Histoire des légumes*, Paris, 1907.

Goethe, *Voyage en Italie*, tradução de Jacques Porchat, Les Libraires associés, 1962.

Charles Morren, *Palmes et couronnes de l'horticulture de Belgique*, Bruxelas, 1851.

Marcel Proust, *Du Côté de chez Swann*, I, p. 70, La Pléiade, Gallimard, 1988.

O tupinambor (girassol-batateiro)

Jean-Luc Hennig, *Le Topinambour et autres merveilles*, Zulma, 2000.

Relatório dos prefeitos durante a Ocupação (1940-1944): <www.ihtp.cnrs.fr/prefets/>

A couve

Joseph Delteil, *La Cuisine paléolithique*, Les éditons de Paris, 2007, p. 31.

Joseph Delteil, *Les Cinq Sens*, Denoël, 1983.

Eugène Le Roy, *Jacquou le Croquant*, Le Livre de Poche, 1997, prefácio de Emmanuel Le Roy Ladurie.

Michel Vivier, *Jardins ruraux em Basse-Normandie*, Centre régional de culture ethnologique et technique de Basse-Normandie, Caen, 1998.

Allen S. Weiss, *Autobiographie dans un chou farci*, Mercure de France, 2006, p. 10.

Michel Jonasz, *La Famille*, letra e música de Michel Jonasz, Ed. Marouani, Wea Music, 1977.

Serge Gainsbourg, *L'Homme à tête de chou*, letra e música de Serge Gainsbourg, Philips, 1976.

A pastinaca

Samuel Beckett, *Premier amour*, Les Éditions de Minuit, 1945.

Louis Ferdinand Céline, *Mort à crédit*, Gallimard, 1952.

A cenoura
Marcel Proust, Lettre à Céline Cottin, *Correspondance*, tomo IX, Plon, 1982.

A ervilha
Andersen, *Contes, La Princesse sur un pois*, Garnier-Flammarion.
Platine, *Pois de lard*, citado por Philippe Gillet, *Le Goût et les mots* (ver "Monografias", Philippe Delerm, *La Première Gorgée de bière*, L'Arpenteur, 1997.

O tomate
Lily Prior, *La Cucina*, Grasset, 2002.
Joseph Delteil, *La Cuisine paléolithique* (ver "Le Chou"), p. 37.

O feijão
Jean-François Revel, *Un Festin en paroles*, Pluriel, 1982, p. 34.
Henry David Thoreau, *Walden ou la vie dans les bois*, Gallimard, 1922.
John Steinbeck, *Tortilla Flat*, Denoël, 1961.
Isabel Allende, *Aphrodite*, Grasset, 2001.

A abóbora
Jean-Pierre Coffe, *Le Bon Vivre*, Le pré aux clercs, 1989.
Yvonne Pahud, Marinette Tady, Martine Meldem, *Courge, citrouille et potiron. Saveurs gourmandes*, Cabédita, 2006.
Jean-Claude Polet (sob a direção de), *Patrimoine littéraire européen 5 – Anthologie en langue française*, De Boeck Université, 1992.

A pimenta/pimentão
Time Magazine, 25 de junho-2 de julho de 2007, "Global warming", de Simon Robinson, Tezpur, Índia.
Anna de Noailles, "Le Verger", in *Le Coeur innombrable*, Calmann-Lévy, 1901.

Site da Universidade Popular de Argentan:
<www.up-argentan.com>

Crédito das imagens

imagem 1: © Akg-Images / Latinstock

imagem 2: © RMN / Other Images

imagem 3: © The Bridgeman Art Library

imagem 4: © James E. Robert Fund

imagem 5: © bpk / Gemälde Galerie / SMB / Jörg Anders

imagem 6: © Akg-Images / Latinstock

imagem 7: © Akg-Images / Latinstock

imagem 8: © Akg-Images / Latinstock

Agradecimentos

Obrigada a Michel Onfray
e à equipe da Universidade Popular de Argentan.
Obrigada a todos que
me acompanharam nestas "Histórias de gostos".
Obrigada a Christiane Alexis, Christiane Dorléans e Fabrice Egler.
Obrigada a meus editores e a todos aqueles que, na editora Grasset,
participaram da elaboração deste livro.

ESTE LIVRO FOI COMPOSTO EM ADOBE
GARAMOND PRO, CORPO 11,5/16,5, E IMPRESSO
SOBRE PAPEL OFF-SET 120 g/m² NAS OFICINAS
DA ASSAHI GRÁFICA, EM NOVEMBRO DE 2011.